兔之书

主编 杨春光

副主编 朱昌平 杨宏峰 尤艳茹

黄河出版传媒集团
宁夏人民出版社

目录

序

杨春光

庚寅虎去，辛卯兔至。兔子是中国人最喜欢的小动物之一。生活中，人们总赋予兔子美好可爱、纯洁温顺、聪明伶俐的形象。其实，兔子的性格很像我们中国人，低调而温婉，看似表面柔弱却很有韧性，生存能力极强，前赴后继，生生不息。

兔的文化记载源远流长。养兔的历史最早可上溯到3000年前，如今的兔种即分家兔和野兔两种。无论家兔还是野兔品种都很多，分布很广，适应性强，亚、非、欧、美都有它们的踪影。我们常见的野兔毛色灰白，体小机灵，胆小温顺，食性较广，有时也食果类和昆虫。经过人类几千年来的驯养形成的新兔种家兔却是个纯粹的素食物种，喜食青草、嫩叶和蔬菜等植物。

野兔的繁殖能力非常强。这是因为兔子的天敌太多，在长期的进化过程中，多胎高产是兔子在自然界中立足的保障。野兔的生存能力也极强，野幼兔一出生就会睁眼觅食能走会动。野兔成年后有长而发达的后肢，有时连虎豹也奈何它不得。而且，兔子听觉灵敏，嗅觉敏锐，百米之内的敌人在夜间的任何动静都休想瞒过它。而家兔刚出生时则寸步难行，全要靠母兔哺乳。兔和鼠有着共同的祖先，所以不光"老鼠生儿会打洞"，兔子也是"深挖洞、广积粮"的高手。观兔窝四通八达如迷宫，房间由巷道相连，所谓"狡兔三窟"是也。俗话说"兔子不吃窝边草"，其实是兔子们为保护自己不暴露目标的做法。小精灵们留着窝边草不吃，可能只是暂时的，但无论如何不是见草便吃。不贪得无厌，就是保护自己。但是，红眼的兔子却是个典型的近视眼。那只不幸撞昏在树桩上的兔子，只便宜过一个人，却有无数好吃懒做的后来者在树下做起不劳而获的梦。倒霉的兔子还有那只"龟兔赛跑"中具有两条粗壮发达的长腿，擅长于奔跑跳跃的兔子，由于骄傲自大竟败给了乌龟，好没面子。

然而，更多的兔子以其纯洁、机敏、驯良深得人们的怜爱。它的耳朵很长，却不做"包打听"；它的叫声有点像老鼠，却不做"梁上君子"；它的粪便状如羊粪，却无角无须。兔的踪影出现在文学作品中最早见于《诗经》。《小雅·瓠叶》有"有兔斯首，炮之燔之""有兔斯首，燔之炙之"的烹兔之法。古谚中也有"见兔而顾犬，未为晚也；亡羊而补牢，未为迟也""狡兔死，走狗烹"等。

兔子的温顺可爱让人生出神化它的美意，于是有"玉衡星散而为兔"之说。人们还在月亮上虚拟出一个凡人不可企及的"广寒宫"，让神兔在桂花树下静静地捣药。因其皮毛多呈洁白温润之色，且常有以前爪干洗脸的习惯，故被昵称为"玉兔"。在静虚的月宫中只有玉兔在不停地为捣药而动，因此玉兔又被奉为明月之精，雅称"月魂"。倒过来又称月亮为"兔魄"，刘基作"兔魄又满，天长雁短"一词，妙在不直呼月亮。有些地方甚至演化出供"兔爷"之俗，让原本高处不胜寒的玉兔们无端地活得累起来。作为皓月祥瑞之物，兔子的形象在历代诗文中常常可以见到。西晋文学家、思想家傅玄《拟天问》中有"月中何有？白兔捣药"的名句。诗仙李白《拟古十二首之九》中有"月兔空捣药，扶桑已成薪"。唐代文学家蒋防在《白兔赋》中则有"皎如霜辉，温如玉粹。其容炳真，其性怀仁"之语。本书收录了不少涉及兔子的诗作，在此不赘。

"兔"字与"鬼"字相似，有人把"心中有鬼"故意说成"心中有兔"，那只是不便直说，绕个圈逗个笑而已。倒是为表达"伤其同类"而以"兔死狐悲"作比喻，有点匪夷所思。佛家譬喻"有名而无实"，用了"兔角龟毛"一词，这倒不要紧，因为兔子原本无角，难以栽赃。俗语里还有类似"兔崽子""兔子尾巴长不了"等贬义词。虎年的中国很不平静，年末通货膨胀率不断攀升，人们笑说和兔子一样是"该长的不长，不该长的却疯长"。只有书法家对兔子似乎最有感情，兔年未至，便早早地写了"深山虎啸雄风在，绿野兔奔好景来"之类的春联，连那毛笔也喜欢用兔毛制成的，还坦言"兔毫无优劣，管手有巧拙"。笔力雄健处，就有行家以"兔起鹘落"来形容，来喝彩！

过去的一年虎虎生风，中国经济在挑战与机遇并存的复杂环境中依旧保持高增长率。大灾大难面前，国人万众一心共渡难关的一幕幕深深留在我们每个人心中。让我们在新的一年里继续以人为本，关注民生，解放思想，统一认识，共同努力，发奋图强，创造新的辉煌。

是为序。

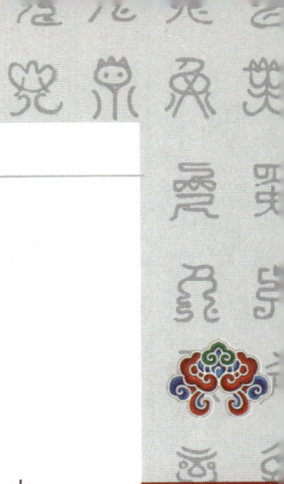

兔年说兔

在我国民间流传的十二生肖中，"兔"与十二地支中的"卯"对应。因此，兔有个别称叫"卯兽"，人们还把兔肉汤叫做"卯羹"。古代道教典籍《抱朴子》中，道教理论家葛洪写道："卯日称丈人，兔也。"将兔称为"卯日丈人"。汉代许慎的《说文解字》中说："卯，冒也。二月，万物冒地而出。"在十二时辰中，"卯"时是指早晨5~7时。因此，"卯"表示春意，代表黎明，充满着无限生机。

最早记载"卯"为"兔"的是湖北云梦出土的秦代简书。有人认为，十二地支是十二生肖的象形字，古文字中，"卯"与"兔"的字形颇为相像，卯字取兔形的大部分。此说将卯与兔的关系追溯到了仓颉造字的时代。

在我国著名的陕西民间剪纸艺术中，常常出现十二生肖的题材，多用娃娃喂兔子的构图来表示卯年。兔在我国被认为是祥瑞之兆，古书中有"白兔寿千年，满五百则兔白"的说法。古时宗庙祭祀用兔来供奉，且明文规定要

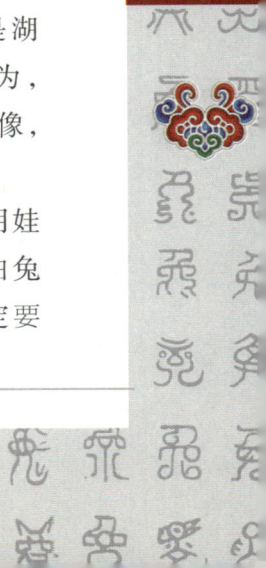

用肥兔，特别大的兔叫"兔狲"。

关于兔的典故很多。"兔死狗烹"典出《史记·越王勾践世家》，勾践平吴后，范蠡在给大夫文种的信中写道："蜚'飞'鸟尽，良弓藏；狡兔死，走狗烹。"文种见信后称病不朝，但越王仍赐剑逼其自尽。两百年后，汉高祖刘邦霸业既成，大将韩信也曾引此典比喻自己当时的处境。自古以来，在改朝换代、争权夺利的斗争中，许多为胜利一方卖命的谋臣贤士都逃不过如此命运。《水浒后传》中便总结道："大凡古来有识见的英雄，功成名就，便拂衣而去，免使后来有'鸟尽弓藏，兔死狗烹'之祸。"

"狡兔三窟"出自《战国策·齐策四》，冯谖为主人孟尝君焚烧债券收买薛地民心，后孟尝君见疑于齐王，回到薛地，人民夹道欢迎时，冯谖便对孟尝君说："狡兔有三窟，仅得免其死耳；今君有一窟，未得高枕而卧也，请为君复凿二窟。"对这一策略，历史上因为各人的政治见解和所处境况不同而有不同的评价。苏轼在诗中说："平生不作兔三窟，今古何殊貉一丘。""君不见夷甫开三窟，不如长康号痴绝。"标榜自己品行高尚，不屑狡兔三窟的下流勾当。陆游感叹"迂疏早不营三窟，流落今宁直一钱"。字面上是后悔，其实质还是肯定自己一生的孤傲德行。李白在《送薛九被谗去鲁》中"孟尝习狡兔，三窟赖冯谖"是较客观的评说，而杜甫"鹏碍九天须却避，兔藏三穴莫深

忧"却是一种较为肯定的意见。

在《战国策》中还有另一个故事：齐国有种兔子，动作特别敏捷，一只善跑的狗想要捉住它，双方绕着山拼命跑，绕山三圈，爬坡五回，用尽了全身力气，结果兔死于前，狗死于后，猎人不费吹灰之力捕获犬兔而归。贤人淳于髡便以此向齐王进谏："同类相食，反为异类坐享其成，其愚可悲。"这便是"兔犬相争"一典的由来。

四川汉代画像石《伏羲女娲天地日月崇庆画像砖》。女娲手中的月轮可以清晰地看到玉兔形象

"兔死狐悲"多用作贬义，明代田艺蘅《玉笑零音》中有："鼍鸣则鳖应，兔死则狐悲。"比喻因同类死亡而感到悲伤。但兔子在活着的时候是狐狸捕杀的对象，狐又怎么会真正因为兔的死去而悲伤呢？我国还有一句俗语："猫哭耗子假慈悲"，二者自然会有一些意义上的联系。

人们还用"乌飞兔走"来形容时光飞逝，日月如梭。"乌"即"金乌"，传说太阳中有十三只金乌，故以此借指太阳；"兔"则是"玉兔"，代指月亮。目前发现年代较早的月中玉兔图画是出土于四川郫县的东汉晚期石棺画，画面上有人首蛇身的伏羲、女娲各举日轮和月轮，日轮里有金乌，月轮里有玉兔。清代梁绍壬在解释"金乌玉兔"时引载："张衡《灵宪》'日者，太阳之精，积而成鸟，象乌，阳之类，其数奇；月，阴之精，积而成兽，象兔，阴之类，其数偶。'范育曰：'日出于卯，卯属兔，而兔之宅在月中。'"唐代韩琮有《春愁》诗："金乌长飞玉兔走，青鬓长青古无有。"劝少年惜时自奋。在元代杂剧《庄周梦蝴蝶》中，也有"疾走般兔飞乌走，转回头，虎倦龙疲"的曲词。

关于"月兔"的意象，是我国古代神话故事宝库中的重要内容。传说古代神箭手后羿射下天上十个太阳中的九个，让天地恢复常态，挽救了凡间万物，西王母赐他长生不老药，他的妻子嫦娥出于好奇偷吃了灵药，抱着家里的兔子飞上了月亮，从此，寂寞的嫦娥便与白兔长住月宫。这一题材常见于民间年画。历代文人墨客也十分喜爱以此为题吟诗作赋。晋代傅玄《拟天问》中有"月中何有，玉兔捣药。"六朝左思《吴都赋》中云："乌兔笼日月，正走穷栖宿。"李白《拟古十二首之九》云："月兔空捣药，扶桑已成薪。"杜甫《月》诗有"入河蟾不没，捣药兔长生"之句。以苦吟出名的贾岛也有"玉兔潭底没"的名句。陆游《梅诗》云："月兔捣霜供换骨，湘娥鼓瑟为招魂。"辛弃疾中秋词中有"著意登楼瞻玉兔"。明代才子屠隆在《明月榭赋》中吟道："川原澄兮云气鲜，瑶台朗兮兔魄圆。"这里，以"兔魄"代指"月"，也是出自"月兔"这一典故。

汉代梁孝王建一座园称为"兔园"，后人称为"梁园""梁苑"，《史记》

谓之"东苑"。在晋代葛洪的《西京杂记》中就有关于兔园的详细描述。梁孝王喜欢营建宫室苑囿，他所筑的兔园，"园中有百灵山，山有肤寸石、落猿岩、栖龙岫。又有雁池，池间有鹤洲凫渚。其诸宫观相连，延亘数十里，奇果异树，瑰禽怪兽毕备"。梁孝王常与各路宾客游历其中，垂钓赏月，吟诗作赋，极尽风流雅士之能事，司马相如、枚乘、邹阳等都曾为其园中之客，枚乘、江淹还曾作《梁王兔园赋》吟诵此事。而后世黄庭坚的"兔园高宴悄，虎观英游改"和辛弃疾的"兔园旧赏，怅遗踪，飞鸟千山都绝"却因为物是人非而无限惆怅，透着一股报国无门的愤激。李白在被唐玄宗"赐金放还"后，由满怀抱负转为一腔惆怅，此时他也作了一首《梁园吟》，其中有"人生达命岂暇愁，且饮美酒登高楼"的名句，让人真切感受到一个正直灵魂的苦闷挣扎和努力抗争。

梁孝王死后，其家人将兔园出租，分三个等级收取地租，并用账本记录，所用的文字都是当时的市面俚语，以后，人们就将语言通俗的书称为"兔园册"。民间私塾先生所用的简单易懂的蒙学读物就叫"兔园册"。文人为表谦虚，也会谦称自己的作品为"兔园册"，意即自己写的不是什么高深之作，只是给大俗之人读的通俗之物。

在我国民间有许多关于兔的传说，唐魏徵等人编撰的《隋书》提到兔与孝子的故事：华秋早年丧父，他对母亲极为孝顺。母亲去世后，他独自一人背土造坟，并种上许多名贵树木。他的孝心感动了上天，小鸟聚在树上，白兔也在坟墓四周走动。

相传后羿射日为王之后，有一次在巴山打猎，射中了一只骡子一样大的兔子，并把它关在笼子里。当夜，他梦见一位穿白衣戴王冠的人来找他，自称是土地神，说今天被捕受辱，日后定要报仇。后羿做此梦不久很快便被人夺去王位并杀死。从此，巴山人一直心存敬畏，将兔奉为神灵。

北京地区中秋时节有种泥制玩具，叫做"兔儿爷"，也是用来供奉祭月的供品。《燕京岁时记》中载："每届中秋，市人之巧者，用黄土抟成蟾兔之像以出售，谓之兔儿爷。"这兔儿爷是民间艺人大胆创造的工艺品，它兔首人身，手持玉杵，后来也有人将戏曲中的人物与这个形象糅合起来，把它塑造成金盔金甲的武士，威风八面，骑在狮、象等巨兽身上，甚至以猛虎为坐骑，想象大胆离奇。根据兔儿爷的造型和特点，民间有不少打趣的俗语，如"兔儿爷拍心口——没心没肺""兔儿爷贴金——绷脸儿""兔儿爷打架——散摊子""兔儿爷洗澡——瘫了"……形象生动，饶有趣味。

　　民间还有一些关于兔的奇风异俗。因为兔为祥物，古时农历正月初一，人们用面兔头和盛水的竹筒、年幡面具一同挂在门额上，认为可以镇邪避灾。在山东的一些地区，人们以捕鱼为生，每年谷雨清明，妻子在丈夫进门的时候，要出其不意地将一只玩具兔子塞入丈夫怀里，意思是让丈夫怀揣象征吉祥如意的白兔，便能在一年里出海平安、多有捕获。汉族地区还有赠新生儿兔画的风俗，画中有六个孩子围着一张桌子，桌上站着一个手抱兔子的人，祝受赠的孩子一生幸福、步步高升。但是同样有孕妇不能吃兔肉的风俗，因为兔子嘴豁，人们害怕孕妇生下孩子也像兔子一样是个豁嘴。

一、自然界中的兔

"赤兔大瑞，白兔中瑞。"在中国，兔子一直被认为是瑞兽。古时，各地发现白兔之后，多要载歌载舞献给朝廷，显示君主贤明、海内大治。据记载，汉代建平元年（公元前6年）、元和三年（86年）以及永康元年（167年），三次向朝廷晋献白兔。古代的野生兔子毛色多为灰褐色，白兔极为稀少，是一种变异现象，因此被古人认为是"中瑞"，献给皇上。我们今天看到的白兔多达亿万，它是由地中海穴兔人工驯化而来。事实上，在中国境内的野兔中也有白兔，如雪兔，生活在长白山区，全身缟素，耳尖乌黑，是国家二级保护动物。虽然中国人盼望赤兔降临，以昭大瑞，然而还是没有见到，这种美好的愿望只好寄托在吕布的那匹坐骑上。但赤兔确实存在，属兔科红兔属，生活在东非的灌木丛林中，毛色红褐。在古代，倘若用船运一只送达东土，必使朝野惊喜。

在汉代以前，古人认为兔子无有雄者，那么它们怎样繁育后代呢？晋代张华在《博物志》中说，兔"望月而孕，口中吐子"。雌兔只须对月亮飞一飞眼就"有了"，而"吐子"，则是兔子的由来。这

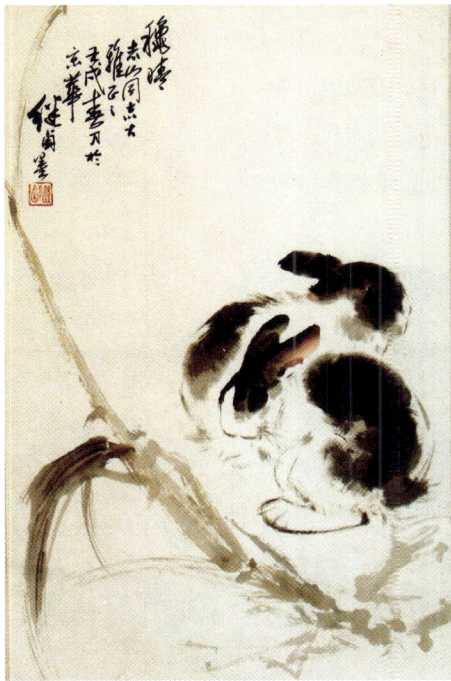

种看法到了汉代被纠正，《木兰辞》中有句"雄兔脚扑朔，雌兔眼迷离；双兔傍地走，安能辨我是雄雌"，显然兔的雌雄分得很清楚。

兔子在外形上最显著的特征是耳长，呈管状长在头两侧，可摇动，便于侦听四方声讯。塔里木兔的耳朵可前折至胸，约为身体的三分之一长。兔中也有短耳的，如鼠兔，耳短圆。兔眼长在头部两侧，属于全视野，但由于眼睛离得远，不能立体成像，无法判断物体移动的远近。此外，兔和大多数哺乳类动物，如狗、马、鹿一样，没有彩色视力，这也是一件令人遗憾的事情。在哺乳动物中，只有灵长类能够识别色彩。其他的动物，则只能见到黑白世界了。

化石证据表明，兔的踪迹几乎遍布全球，包括北极，只有澳大利亚、新西兰、马达加斯加等少数几个没和亚欧大陆相连的地域亘古无兔。澳大利亚原本没有兔子，1859年，英国人引进了24只兔子，为打猎而放养了13只。这13只兔子至今已繁衍6亿多只后代，它们破坏草场和良田，对农牧业损害很大，给澳大利亚政府带来了无穷无尽的烦恼。不得已，澳大利亚政府斥巨资引进兔子的天敌狐狸、狼，还用木栅栏建成漫长的隔离带，甚至从乌拉圭引入一种使兔生瘤的病毒来对付这些无法控制的小动物。

不仅在澳大利亚，兔子在英国、智利等国家也造成灾害，它们造成的麻烦一直延续到今天。这说明，人类最好不要插手物种的事情，强行改变生态环境会使人与动物同陷困境。

◎ 兔的种类和分布

兔形目是哺乳动物的一个目，有两个科:兔科（Leporidae，包括野兔和家兔）和鼠兔科（Ochotonidae）。兔是兔形目兔科动物，共9属43种，通称兔。分布于欧洲、亚洲、非洲、南北美洲。陆栖，见于荒漠、荒漠化草原、热带疏林草原、干草原和森林。

兔具有管状长耳朵（耳长大于耳宽数倍），簇状短尾，有比前肢长得多的强健后腿。兔子的眼睛有红色、蓝色、茶色等各种颜色，也有的兔子左右两只眼睛的颜色不一样。或许因为兔子是夜行动物，所以它的眼睛能聚很多光，即使在微暗处也能看到东西。另外，兔子的眼睛长在脸的两侧，因此它的视野宽阔，对自己周围的东西看得很清楚，有人说兔子连自己的脊梁都能看到。不过，它不能辨别立体的东西，对近在眼前的东西会看不清楚。兔子眼睛的颜色与它们的皮毛颜色有关系，因为它们身体里有一种叫色素的东西。含有灰色素的小兔，毛和眼睛就是灰色的；含黑色素的小兔，毛和眼睛是黑色的。小白兔身体里不含色素，它的眼睛是无色的，那为什么我们看到小白兔的眼睛是红色的呢？这是因为白兔眼睛里的血丝（毛细血管）反射了外界光线，透明的眼睛就显出红色。

兔科中的9属种类仅兔属终生在地面生活，善奔跑，后鼻孔宽，奔跑时充分供氧；初生幼兔身上有毛，睁眼，耳有听觉，不久便会跑，俗称"兔类"。其余8属均是穴兔类，后腿不太长，穴居；穴兔类幼兔出生时身上没有

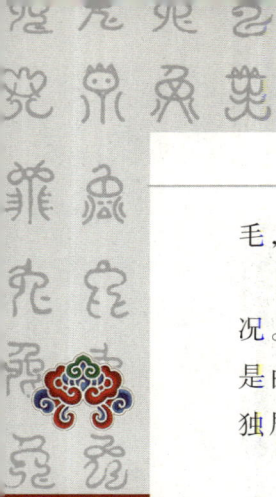

毛，闭眼，耳无听觉，7 天后才长毛，睁眼时具听觉。

家兔和野兔身体结构上并没有什么差异，主要区别就在于初生时的状况。其中穴兔属中的穴兔已驯化成家兔。目前全世界家兔品种虽多，但都是由地中海地区的穴兔（欧洲兔）驯化而成。兔可成群生活，但野兔一般独居。

兔性温和，胆小，常常夜间才敢出来觅食。兔的繁殖能力极强，雌兔长到 8 个月大时就可以生小兔了。怀孕 30 天后可产小兔 5~8 只。一年可产数次。因此，它们不但是其他食肉动物的重要食物来源，而且是人们喜欢的狩猎动物。兔的经济价值非常大，既提供给人类美味的肉食，又提供优质的毛皮，还是医学及其他科学用于实验的动物。

中国有 9 种兔属种类。其中，草兔除华南和青藏高原外，广泛分布；雪兔冬毛变白，分布在中国新疆、内蒙古和黑龙江北部；高原兔分布在青藏高原；华南兔分布在中国华南及台湾，邻国朝鲜也有分布；东北兔在中国小兴安岭及长白山地区有分布。

人类对兔子进行研究已有几个世纪，世界各国的兔种主要有以下二十余种：

中国本兔　又名"白家兔""菜兔"。是我国劳动人民长期培育而成的一种皮肉兼用，又适合实验需要的品种。饲养历史悠久，全国各地均有分布。毛色为纯白，体形紧凑，体重 3 ~ 5 斤，红眼睛、嘴较尖、耳朵短而厚。皮板厚实，被毛短密。中国本兔有许多突出的优点，如抗病力强、耐粗饲，对环境适应性好，繁殖力强。中国本兔一年可生 6 ~ 7 胎，每胎平均产仔 6 ~ 9 只，最高达 15 只。雌兔有 5 ~ 6 对乳头。中国本兔是一种优良的育种，国外育成的一些优良品种均和中国本兔有血缘关系。这种兔的缺点是体形较小，生长较慢。

中国本兔

青紫蓝　又名"山羊青""金基拉"。是一种优良的皮肉兼用和实验用兔，我国各地都有饲养。它的毛色特点是：每根毛分为三段颜色，耳尖及尾、面呈黑色，眼圈、尾底及腹部呈白色。由于这种特殊的毛色很像一种原产于南美洲的珍贵毛皮兽——毛丝鼠（学名 Chinbhilla）的毛色，故根据译称为"青紫蓝（也译金基拉，青琪纱）"，我国广大群众也称其为"山羊青"。青紫蓝分标准和大型两个品系。标准型一般体重 5～7 斤，无肉髯；大型体重为 8～12 斤，毛色稍浅有肉髯。这种兔体质强壮，适应性强、生长快。一般每窝产仔 5～6 只，长到 3 个月时体重就可达 4 斤以上。

青紫蓝

　　大耳白兔　又称"大耳兔""日本大耳白"。是日本用中国本兔选育而成的皮肉兼用和供实验用的良种兔。毛色纯白，红眼睛，体型较大。体重 8~12 斤，最高可达 16 斤。两耳长大高举，耳根细，耳端尖，形同柳叶。大耳白兔生长发育快，繁殖力较强，但抗病力较差。由于它的耳朵长大，皮肤白色，血管清晰，便于取血和注射，是一种常用的实验用兔。

大耳白兔

　　新西兰白兔　新西兰兔系由美国加利福尼亚洲培育的品种。按毛色分为新西兰白兔和红兔两种，因和栖息在新西兰岛上的野生兔毛色相似而命名。新西兰白兔具有毛色纯白、皮状光泽、体格健壮、繁殖力强、生长迅速、性情温和、容易管理等优点，故已被培育成性质稳定的近交系实验动物。除广泛应用于皮肤反应实验、药剂的热原试验、致畸形试

新西兰白兔

验、毒性实验和胰岛素检定外，亦常用于妊娠诊断、人工受胎实验、计划生育研究和制造诊断血清等。1979年，中国科学院上海分院实验动物中心从日本引起种兔后，在恒温湿环境中进行较严密的饲养繁殖，已获得优异成绩。目前，除出口日本外，亦可供国内各科研单位推广使用，此种兔体长中等，臀圆，腰及胸部丰满，早期生长快，成年体重9~10斤。

银灰色兔　原产于前苏联，成年兔体重8~10斤。体躯长；耳大质稍厚，直竖，耳端纯圆；胸部发达而深，有肉髯，皮毛浓密紧贴。基本特征是褐色带白毛尖，还有其他各种颜色。子兔出生时为单色，幼兔的颜色随年龄而改变，在6~7月龄时即具有标准色。

银灰色兔

维也纳兔　体形中等，成年兔8斤左右。眼睛为暗天蓝色，被毛浓密，灰蓝色或天蓝色，无杂毛。体格健壮，适应性较强。母兔乳量充足，每窝产子在7只以上。

喜马拉雅白化兔　原产于我国西部喜马拉雅山一带，被毛白色，因具有黑色的鼻、耳、尾以及前足、后足，所以又称"五黑兔"。成年兔体重为6~8斤，毛短而柔软浓密，体格健壮，耐粗饲，易于饲养，繁殖力较强。

力克斯兔　又称"天鹅绒兔"。全身密生光亮如丝的短绒毛，自然形成漂亮的波纹，保温力强，不易脱落。须眉细而卷曲，成年兔体重6~7斤。力克斯兔被毛颜色为：背部红褐色，体侧毛色渐浅，腹部呈浅黄色。经过人们的不断

力克斯兔

选育和改良，已有黑、白、古铜、天蓝、银灰等各种颜色。

比利时兔　成年体重 11～12 斤，最高可达 18 斤。此兔躯体长，后部高，体格健壮，肌肉丰满，泌乳力强，生长快，适应性强，被毛为深栗带深褐色或深栗带黄褐和浅褐色，耳尖有黑色毛边，尾部内侧也为黑色。

比利时兔

公羊兔　体形大，成年体重 10～16 斤。此兔的特点是耳大且下垂，头形如公羊，因此称为"公羊兔""或垂耳兔"。耐粗饲，性情温顺，抗病力强，易于饲养。但受胎率低，哺乳能力差，被毛有单色和杂色，杂色兔该毛由黑、棕、灰、灰兰和白色结合形成。

公羊兔

加利福尼亚兔　育成于美国加利福尼亚洲，成年兔体重 8～9 斤。此兔遗传性能稳定，性情温顺，生命力强，哺乳力强，产子数比较稳定，子兔发育也比较均匀，被毛全身白色，而鼻端、两耳、四肢下端和尾近似黑色，眼红色。

加利福尼亚兔

花巨兔　又称"鹊雀花""熊猫兔"。德国著名的兔种，个头大，成年兔体重 10～12 斤。体形较长，呈弓形，腹部离地面较高。生长发育快，抗病力强，繁殖力高，但哺乳能力较差。毛色为白底黑花，背部有一条黑色背线，黑嘴环，黑眼圈，色调美观大方。

花巨兔

丹麦白兔　丹麦著名的兔种，成年体重 8～9 斤。此兔性情温顺，产子率高，耐粗饲，抗病力强；体型较为短粗，肌肉丰满，被毛纯白，眼红色。

丹麦白兔

西德长毛兔　成年体重 6～8 斤，四肢强健，胸部发育好，全身密被白色绒毛，体毛细胞长柔软，排列整齐，具有明显的波浪形弯曲。

安哥拉兔　起源于土耳其，在当时的时代背景下，长毛的它们被当做神一样地崇拜，所以当时多为皇宫中的女性们负责照顾饲养。之后法国贵族也开始饲养，法国革命后连一般民众也开始饲养，成为欧洲兔子产业的基础。安哥拉兔的毛发相当浓密，且表面平滑富有光泽，所以可以作为毛皮。市面上常见的安哥拉兔可分为 3 个品种，即英国安哥拉兔、缎毛安哥拉兔、法国安哥拉兔，各自有不同的毛质。

安哥拉兔

安哥拉兔在我国饲养历史较长，南方各省分布广泛。经江苏一带劳动人民精心培育，掺入中国本兔血缘，选育出生产性能超过英、法两系的狮子头全耳毛型长毛兔，又称"中系长毛兔"。成年兔体重 5～7 斤，体格健壮，头宽而短，面圆鼻扁，又称"狮子头"。

狮子头

垂耳兔　最古老的品种之一，其起源已无法考究，可能在非洲北部，而后传到法国、比利时等国家。1860 年以后经多次改良，到 1901 年，甚至发

垂耳兔

现了耳长 76.5 厘米的垂耳兔。雄兔体重约 8 斤，雌兔约 9 斤，颈粗，胸宽厚，自肩至胴体、从腰到臀部呈圆滑拱门型，毛发十分柔软，耳朵越长评价越高，另外耳朵宽度也很重要（耳宽约是耳长的 1/4），耳尖是圆的，耳根强而有力。

蝴蝶兔 蝴蝶兔是由国内知名的兔子繁殖场所研发出来的品种，属亲交改良所得到的成品，其亲种之一包括狮子兔，所以在它们身上或多或少可以看到狮子兔的影子。一般成兔约 8 ~ 8.8 斤，脸形扁平。本种最大的特色在于形似蝴蝶的耳朵。当它们把耳朵竖立起来的时候，就像是蝴蝶翩翩起舞的样子；当它们把耳朵平贴于背部时，就像是蝴蝶停靠时的模样。

蝴蝶兔

迷你兔 有许多人将外形十分相似的迷你兔与侏儒兔混淆成同一种，其实它们两者最大的差别在于，迷你兔的体形会大于侏儒兔（侏儒兔成兔体重约为 2.2 斤以下，迷你兔则可到 3.2 斤）。迷你兔是雄性的侏儒兔与雌性的纽西兰兔交配所产下的兔种。个性活泼，偏好与人相处。脸形较侏儒兔长，耳朵一般可达 12 ~ 20 厘米。迷你兔模样可爱且毛色选择多样化，在市场上始终受到兔迷们的喜爱。

迷你兔

西施兔 2001 年台北世贸水族展时第一次展出了西施兔，吸引了众多目光。本种是国人自行研发的品种，在繁殖狮子兔的过程中，会出现些许的西施兔，所以它又可称做"狮子西施兔"。一般为 4 ~ 4.4 斤，

西施兔

全身毛发飘逸。本种的脸形较为扁平，嘴形也较平。毛发茂密的西施兔，乍看之下就像是一只迷人的小狗，更像一团温暖的毛球，让人忍不住想与它们亲近。

　　荷兰侏儒兔　约在 1880 年，英国出现由荷兰兔突变所生下的白毛红目小兔，并将这个突变种引进德国与野兔交配，进而产下荷兰侏儒兔。1985 年引进美国，现已是"美国兔子繁殖者协会"所认定的兔种之一。在所有兔种中荷兰侏儒兔是最小型的品种，一般成兔的标准是 2.2 斤，相当迷你可爱。它们

荷兰侏儒兔

有着圆圆大大的头（雄兔比雌兔大）、额头宽阔、下颚结实有力、脖子短小、肩部宽、尾短、脚短，全身呈圆形体态，腰部至臀部极有肉感。耳朵长度 5～6 厘米，耳尖略呈圆形。再加上大眼睛与生动活泼的表情，使得侏儒兔深受兔迷们喜爱。

◎ 兔子的习性

　　兔子乖巧可爱，因此成为很多人豢养的宠物。俗话说"养驴要知道驴脾气"，养兔子也是一样。那么，兔子有哪些习性呢？

　　兔子是草食性晨昏觅食的夜行性动物，习惯清晨与傍晚进食。

　　兔子肺活量小，气温高及精神紧张时，鼻子会动得很厉害，呼吸急促。

　　兔子易骨折。勿将兔子置于高处，避免不慎摔伤。勿用力抓兔子，以免兔子挣扎受伤。

　　兔子领域性强，会在自己的地盘上做记号。

　　兔子无法将胃里的东西吐出来，所以吃入的东西无法排泄出去就会堵塞

肠道，严重的必须动手术取出异物。

兔子很敏感，易有精神压力，换环境、噪声、气候变化、突然换食物、生病、受伤、惊吓、有新兔加入都可能导致它们拒食或行为反常，甚至生病。所以，平时尽量不要惊扰兔子，并加强兔子的适应力。比如让兔子习惯吹风机的声音后，就不会再怕吹风机的声音了。

兔子怕热，因为它们缺乏汗腺，只有嘴边、鼠蹊部有少数汗腺。因皮毛浓密，兔子无法通过皮肤散热，主要依靠耳朵及呼吸与排泄调节体温。当气温达到 30℃时，兔子就会增加呼吸次数。成兔怕热不怕冷，幼兔因体温调节功能不全，需特别注意保暖御寒。

兔子有咀嚼、挖掘的习性，必须提供磨牙物品给它们，以防兔子去啃电线、咬家具。

兔子会吃自己的粪便。这是因为兔子有很大的螺旋形盲肠，含有丰富的肠道菌丛，可以制造其必须的营养素与维他命。它们在夜间排出的软质粪便，称为盲肠便或夜粪，含有蛋白质与维他命 B 群及肠道益菌，所以它们会吃，这是必须且正常的行为。

◎ 兔子的 26 种表情语言

兔是人类的宠物之一。有记载表明，古罗马时人们就已开始养兔。16 世纪意大利的修道院也有关于在笼中养兔的记载。如今，将兔子作为宠物饲养的人越来越多，在兔子呆呆的表情下，养兔人看到的却是兔子丰富的情感表达。

1.咕咕叫：通常是对主人的行为或对另一只兔子感到不满。咕咕叫代表兔子很不满意，正在生气。兔子不喜欢人家抱它碰它，就会发出咕咕叫。如果你不停止让兔子不满的行为，就可能会被咬。

2.喷气声：喷气声代表兔子觉得某些东西或某些行动令它感到受威胁。如果是你的行动令兔子感到受威胁，就有可能会被兔子咬。

3.尖叫声：兔子的尖叫和人类一样，通常是代表害怕或者痛楚。如果突然听到兔子尖叫，主人立刻要多注意，因为可能兔子受了伤。

4.磨牙声：大声磨牙，代表兔子感到疼痛，最好带兔子看一下兽医师。轻轻磨牙，代表兔子很满足很高兴。当兔子轻力发出磨牙声，如果你伸手摸兔子下巴，可以感到它的臼齿在摩擦，这时候通常兔子的眼睛会处于半开合状态。

5.咬牙声：当兔子发出格格的咬牙声，是代表痛楚。这时兔子一般会弯起身而坐，耳朵向后贴紧身体。

6.呜呜叫：像猫咪一样，兔子满足时也会呜呜叫。不过兔子和猫咪的不同之处在于，猫咪是用喉咙去发声，而兔子是用牙齿去发声。

7.嘶嘶叫：兔子通常是对另一只兔子才会发出嘶嘶的叫声。嘶嘶的叫声代表兔子的一种反击的警告，主要是告诉另一只兔子别过来，否则它会进行攻击。

8.发情叫声：发情的叫声不同于咕咕叫。发情的叫声是低沉而有规律的。一般公兔在追逐母兔时会发出此叫声。绝育可以减少这一类发情的行为，不过不可以完全清除。绝育后的公兔仍然会追逐母兔，把母兔擒住。

9.绕圈转：当兔子成年时，就可能出现绕圈转的行为。绕圈转表示求爱，有时还会同时发出咕噜咕噜的叫声。绕圈转也代表想引人注意或要求添加食物。

10.跳跃：当兔子感到非常高兴时，会出现原地跳跃、在半空微微反身的行为。有时候兔子也会边跳跃边摆头。它们跳跃时就好像跳舞一样。特别是侏儒兔或迷你兔，它们比较爱用跳跃去表达自己高兴和非常享受的感觉。

11.扑过来：有些兔子会不喜欢人家去碰它的东西。当主人清理笼子、换食物盘时，兔子就可能扑过来，这代表它不喜欢。扑过来是一种袭击的表现。

12.脚尖站立：当兔子四肢着地并用脚尖站起时，是警告的意思。它们会保持这动作直到危险过去，此动作大约可以保持几秒甚至几分钟。当兔子生气时，也可能会用脚尖站起来。

13.跺脚：当兔子感到害怕时，它们会用后腿跺脚。在野外，当敌人接近时，兔子会用后腿跺脚去通知同伴有危险。

14.侧睡：兔子侧睡，把腿伸展是代表它们感到很安全。如果主人不去打扰，它很快就睡着了。

15.压低身子：当兔子尽量把身体压低，是代表它很紧张，觉得有危险。在野外，当兔子觉得有危险接近时，它们会尝试压低身子，避免被看到。而宠物兔也会有这样的行为。

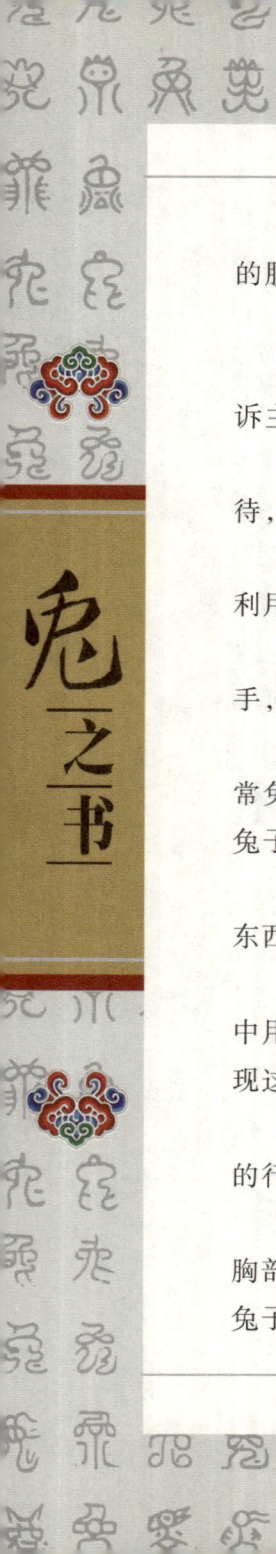

16.蹲下来：蹲下来跟压低身子所表达的是不同的意思。蹲下来时，兔子的肌肉是放松的，是一种感到轻松的表现。

17.躺在地上翻身：代表兔子心情很不错，感觉很舒适。

18.推开你的手：兔子推开你的手表示它觉得自己已经做妥了这件事，告诉主人别来管它的事。

19.把鼻子和身子靠近笼边：这样是代表恳求，希望得到一些东西或优待，是兔子想吃小食，或是想让主人把它放出来。

20.轻咬：轻咬在兔子世界中的意思是："好了，我已经足够了。"它们会利用轻咬来告诉主人停止现在的行为。

21.舔手：在兔子的身体语言中，舔手是代表多谢。如果你家兔子舔你的手，代表它想跟你说谢谢。

22.抽动尾巴：抽动尾巴是一种调皮的表现，就如人类伸舌头的动作。通常兔子会在一边跳跃时一边前后抽动尾巴。譬如，主人想把兔子捉回笼子，兔子突然跳起来同时抽动尾巴，就是它在说："你不会捉到我!"

23.用下巴去擦东西：兔子下巴的位置是有香腺的，所以兔子会用下巴去擦东西，留下自己的气味，以划分地盘。这种气味人类嗅不到，不过兔子知道。

24.喷尿：未经绝育的成年公兔可能会出现喷尿的行为。喷尿是兔子世界中用来划分地盘和占有母兔的做法。母兔可能也会有喷尿的行为，但公兔出现这钟行为比较多。

25.到处拉大便：如果兔子在不同地方分散地拉大便，也是一种划分地盘的行为。

26.拔毛：当母兔要产子的前一天，它们就会出现拔毛的行为。它们会在胸部和脚侧的位置拔毛，利用拔出来的毛来给小兔子做一个温暖的窝。如果兔子是假怀孕，也会出现拔毛的情况。

二、生肖"兔"

◎ 生肖"兔"的来历

兔在十二生肖中，排行第四。与十二地支配属"卯"，故一天十二时辰中之"卯"时——清晨5~7时，又称"兔时"。

说起兔子当生肖，民间倒是有一段有趣的"兔牛赛跑"的传说。

相传兔子和黄牛是邻居，他俩相处得很好，互称兄弟。黄牛以勤劳苦干度日，兔子靠机灵能干为生，日子都过得不错。

有一天，善于长跑的兔子在黄牛面前炫耀："我是动物世界中的长跑冠军，谁也跑不过我！"黄牛虚心求教长跑的绝招，兔子却骄傲地摇摇头说：

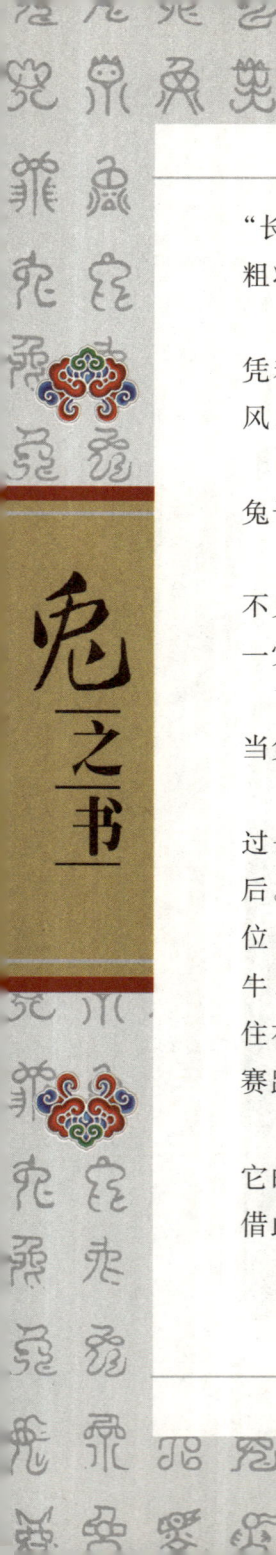

"长跑冠军得靠先天的素质，学是学不会的。再说，长跑得身轻体便，你这粗壮的身子，恐怕是永远跑不快的。"

黄牛的心给兔子说得凉了半截，可心里不服气。从此，黄牛开始练长跑，凭着一股坚韧不拔的牛劲，黄牛终于练成一双"铁脚"。尾巴一翘，四蹄如风，几天几夜也不知疲乏。

到了玉皇大帝排生肖的日子，依照规则，谁先到就让谁当生肖。黄牛与兔子约定，鸡叫头遍就起来，直奔天宫争生肖。

鸡叫头遍，黄牛起床时，兔子早就跑了。兔子跑了好一阵子，回头一看，不见任何动物的影子。兔子心想，我今天起得最早，跑得又最快，就是睡上一觉起来，这生肖的头名也是非我莫属。于是，它在草地上呼呼大睡起来。

黄牛虽然落后了，但它凭着坚韧的耐力和平时练就的铁脚，一鼓作气，当兔子还在酣睡的时候，便先跑到了天宫。

一阵急促的脚步声惊醒了兔子，睁眼一看，原来是老虎一阵风似的跑了过去。这下兔子急了，赶紧追赶，可惜慢了一步，最终还是落在了老虎之后。由于牛的双角间还蹲了一只投机取巧的小老鼠，结果兔子只排到了第四位，前三名是鼠、牛、虎。兔子虽然当上了生肖，但输给了自己讽刺过的牛，终究觉得脸上无光，回来以后就把家搬到了土洞中。现在的野兔也还是住在土洞中。不过，兔子是不会吸取教训的。不信，你今天再来一个"牛兔赛跑"或者"龟兔赛跑"，得冠军的未必是兔子。

在民间的传说中，肖兔的人可以步步登高。兔前肢短，后肢长而有力。它的前后肢比例为 5：9，因此宜于上攀而拙于下降。步入兔年，天下众生幸借此兆，飞速发展，步步登高。

◎ 属兔人的性格

民间传说兔年出生的人是十二属相中最走运的人。正像中国神话中所讲的，它是长寿的象征，是月亮的精灵。当西方人赏月时，属兔的人也可能开玩笑说月亮是一个奶酪球，或者给孩子们讲一个月亮的故事。当一个中国人望月时，属兔的人看到的是月中玉兔正站在桂树下的一块岩石附近，并拿着玉槌在捣药。在中秋节赏月时，小孩子们提着纸兔灯笼爬上小山去观月，并对玉兔表示羡慕。据说兔年能带来和平，或者说人们至少可以在战争冲突中得到暂时的喘息。

贪图安逸、厌恶冲突的品质会给属兔的人带来弱者、机会主义和自我放纵的坏名声。如果让属兔的人来选择生活道路，属兔的人会选择安逸的生活方式。属兔的人无论男女都总爱穿宽松舒适的衣服，但裁剪要一流的，料子要好的。属兔的人还爱穿开士米背心、纯丝罩衫、耐磨的亚麻和花呢衣服。一块貂皮或灰鼠皮披在肩上，这种看似随意实则考究的穿着让人们一眼就可以看出你是属兔的。浮华的、几何形的或刺眼的图案对属兔的人所推崇的协调、均衡是一种亵渎。

民间对属兔的人的个性有种种有趣的附会。虽然属兔的人表面上也许会对其他人的意见无动于衷，但属兔的人实际上会在批评中一蹶不振。属兔的人那"翻脸不开战"的技巧具有很大的欺骗性，而当属兔的人专心致志时会变得更加有心计。属兔的人对所爱的人温柔、亲切，而对其他人敷衍塞责，甚至冷漠。由于温文尔雅而又放纵自己，属兔的人尽情地享受并把自己的愿望放在第一位。属兔的人对不便利的事一分厌烦，因为他们是个性羞怯、考虑问题周到且思想深邃的人，并希望别人也这样。属兔的人执著地相信人与人之间相互友好是件很容易的事，并且他们自己总是努力做到文明、有礼貌，甚至对其敌人也是如此。属兔的人厌恶吵架和任何形式的公然敌对。属兔的人不像龙、狗、虎、鸡属相的人那样喜欢激烈搏斗，并以此起家。属兔的人没有兴趣打架，在幕后工作更能取得成效。属兔的人敏捷、伶俐，善于逃避伤害。属兔的人不像其他属相那样追求崇高的理想，他们生活中的主要目标只是为了保存自己。

属兔的人很文静，所以人们对其本质很容易发生错觉，实际上属兔的人具有坚强的意志和坚定不移的自信心。属兔的人有条不紊地、准确地追求着自己的目标，但举止总是庄重的，不喜欢兴风作浪。属兔的人不会因迟钝或直来直去受到别人的指责，其不可捉摸的特殊本质，使之成为谈判中最难以对付的人，人们很难捉摸到他们的真实想法。

属兔的人轻易不会上当，他们能约束自己的爱好以保守秘密或个人隐私。当属兔的人感到危险时，那微妙的小算盘或隐藏的对抗心理会以使用颠覆战术的方式表现出来。属兔的人很自信，所以他们难免会把自己估价得很高。情急之中，属兔的人会丢弃任何东西或者抛弃任何扰乱其宁静生活的人。属兔者的信仰以灵活多变而闻名，而且他们有使双方都感到很保险的技巧。在自然界中，这种类型的弱势物种的安全感是很强的，别人很少能在风险很大的地方发现一只小兔子。

◎ 属兔的历史名人
帝王将相

刘秀（公元前 6 年 ~ 公元 57 年），东汉开国皇帝。新朝末年，天下大乱。刘秀与兄乘势起兵，在昆阳之战中大破新莽 42 万大军，新莽政权立时崩溃。公元 25 年，刘秀与绿林军公开决裂，在河北鄗城的千秋亭登基称帝，刘秀所建立的这个新的王朝仍然沿用了其祖先刘邦的国号——"汉"，故史称刘秀所建立的汉朝为东汉。称帝之后，又经过了长达 12 年之久的统一战争，刘秀终于削平割据势力，统一了中国。光武帝偃武修文，实施度田，释放奴婢，东汉历经光武、

东汉光武帝刘秀

明帝、章帝三代的励精图治，国势达到了顶峰，后世称之为"光武明章之治"。

曹丕（187 年 ~ 226 年），字子桓，三国时期著名的政治家、文学家，魏朝的开国皇帝。公元 220 年 ~ 226 年在位，庙号高祖（《资治通鉴》中作世祖），谥为文皇帝（魏文帝），葬于首阳陵。沛国谯（今安徽省亳州市）人。魏武帝曹操与武宣卞皇后的长子。由于文学方面的成就而与其父曹操、其弟曹植并称为"三曹"。曹丕在继承权的争夺中战胜了弟弟曹植，被立为王世

子。曹操逝世后，曹丕逼迫汉献帝禅位，代汉称帝，终结了汉朝四百多年的统治，改国号大魏，为魏朝的开国皇帝，也是三国时第一个称皇帝的君主。后刘备伐吴时，孙权假意向魏国称臣，曹丕大喜，封孙权为吴王，没有同时联合吴国攻蜀汉，错过了一次统一全国的时机。刘备被孙权打败，孙权随之与曹丕反目。曹丕大怒才起兵伐吴国，结果被孙权的大将徐盛火攻击败。回洛阳后，曹丕大病不起，临终托付曹叡于曹真、司马懿等人，终年40岁。

魏文帝曹丕

朱见深（1447 年~1487 年），明宪宗年号成化，英宗长子，明朝第八代皇帝，1464 年即位。在位 24 年。初名朱见浚。土木之变，英宗被瓦剌掳去。景泰三年（1452年）明代宗即位后，被废为沂王，天顺元年（1457 年）英宗复辟，又被立为皇太子，改名朱见深。宪宗于天顺八年（1464 年）登基，初年为于谦平冤昭雪，恢复景帝帝号，又能体谅民情，励精图治。在位末年，好方术，终日沉溺于后宫，与比他大 19 岁的宫女万贵妃享乐，并宠信宦官汪直、梁芳等人，以至奸佞当权，西厂横恣，朝纲败坏。

明宪宗朱见深

成化二十三年（1487 年），万贵妃去世，八月，宪宗过于悲痛而驾崩，时年40 岁。葬于北京昌平明茂陵。

　　朱厚熜（1507 年~1567 年），即明世宗，年号嘉靖（1521 年~1566 年在位），明宪宗庶孙，兴献王朱祐杬嫡子。明世宗是一个颇具争议的皇帝，有人说他英明神武堪比朱元璋，也有人说他昏庸无能，痴迷于炼丹。但是，不能否认，明世宗在他最初登基的几年确实是有所作为的，即便是后期常年痴于修道，他也并没有完全不理会朝政。明世宗是个极其聪明并且自信的皇帝，能与之打交道的，也只有严嵩这类的官场老手。总而言之，明世宗不是一个好皇帝，却也不是个无能的昏君。嘉靖四十五年（1566 年）十二月十四日，朱厚熜卒于乾清宫，年 60 岁。谥"钦天履道英毅圣神宣文广武洪仁大孝肃皇帝"，庙号世宗。葬北京昌平永陵。

明世宗朱厚熜

爱新觉罗·弘历 （1711 年～1799 年），即清高宗乾隆皇帝。乾隆帝姓爱新觉罗，讳弘历，是雍正帝第四子。即位前为宝亲王。雍正帝登基后就将其秘密立为皇太子，立储诏书放于乾清宫正大光明匾额的后面，这也成为以后清朝的定制。乾隆于雍正十三年即位，为清代入关后的第四任皇帝。乾隆天生聪慧，文治武功都有较大成就，这也使得他非常自负。他晚年自称"十全老人"，夸耀自己的武功，但是事实上当时的清王朝已经江河日下，国内潜伏着各种危机，随时可能爆发；而国际上，中国与西方的差距拉大，中国已经不再是什么"天朝上国"，虽然和周边属国友好往来，对西方却坚

清高宗爱新觉罗·弘历

持闭关锁国，乾隆六十年，弘历禅位于皇十五子颙琰，自己成为太上皇。其在位 60 年，作为太上皇又训政三年，所以乾隆帝是中国历史上在位时间仅次于其祖父康熙的皇帝，而实际执政时间是最长的皇帝，达到 63 年。他又是中国历史上最长寿的皇帝，卒于嘉庆四年正月初三，终年 88 岁，葬于河北裕陵（今河北省遵化市西北）。乾隆死后的庙号为"清高宗"，谥号"纯皇帝"，史称"乾隆皇帝"。乾隆皇帝是中国历史上知名度最高的皇帝之一，是他把康乾盛世推向顶峰，也是他亲手将它拖向衰落，他是影响中国 18 世纪以后历史进程的重要皇帝。

周瑜（175年～210年），字公瑾，庐江舒县（今安徽庐江西）人。东汉末年东吴名将，因其相貌英俊而有"美周郎"之称。周瑜精通军事，文采超群，又精于音律，江东向来有"曲有误，周郎顾"的说法。公元208年，孙、刘联军在周瑜的指挥下，于赤壁以火攻击败曹操的军队，此战也奠定了三分天下的基础。公元210年，周瑜因病去世，年仅36岁。周瑜一生征战，有强烈的进取精神和横行天下的报负；周瑜少年得志，风度翩翩；周瑜待人谦恭有礼，以德服人。周瑜去世后，孙权痛哭流涕，说："公瑾有王佐之才，如今短命而死，叫我以后依赖谁呢？"他称帝后，仍念念不忘周瑜，曾对公卿们说："没有周公瑾，我哪能称尊称帝呢？"

李靖（571年～649年），字药师，汉族，雍州三原（今陕西三原县东北）人。出生于官宦之家，唐初杰出的军事将领、军事理论家。李靖还是古典小说《封神演义》《西游记》中的神话人物，系哪吒之父，被誉为"托塔天王"。在李靖的戎马生涯中，他指挥了几次大的战役，取得了重大的胜利，这不仅因为他勇敢善战，更因为他有着卓越的军事思想与理论。他根据一生的实践经验，写出了优秀的军事著作，仅见于《旧唐书·经籍志》《新唐书·艺文志》所著录的有《六军镜》3卷、《阴符机》1卷、《玉帐经》1卷、《霸国箴》1 卷、《宋史·艺文志》著录的还有《韬钤秘书》1 卷、《韬钤总要》3 卷、《卫国公手记》1 卷、《兵钤新书》1 卷和《弓诀》等，可惜后世都失传了。今传世的《唐太宗李卫公问对》（或称《李卫公问对》）系宋人所撰，盗用李靖之名，不足为据。原著有《李卫公兵法》，原书今佚，但从散见于杜佑《通典·兵典》及《太平御览·兵部》中的《卫公兵法》，犹能管中窥豹，有关李靖的治军、行军作战等都有所记载。

李靖

文人学者

杨修（175 年～219 年），字德祖，弘农华阴（今陕西华阴东）人，东汉建安年间举为孝廉，任郎中，后为汉相曹操主簿。后被曹操杀害，卒时年方 44 岁。杨修一生著作颇丰，结集成册的两文稿已失，今共存作品数篇，其中有《答临淄侯笺》《节游赋》《神女赋》《孔雀赋》等。

后人有诗赞杨修："聪明杨德祖，世代继簪缨。笔下龙蛇走，胸中锦绣成。开谈惊四座，捷对冠群英。身死因才误，非关欲退兵。"

杨修

嵇 康（223 年～262年），字叔夜，谯郡铚（今安徽濉溪西南）人。三国魏文学家、思想家、音乐家。史称嵇康"早孤，有奇才，远迈不群，身长七尺八寸，美词气，有风仪，而土木形骸，不自藻饰，人以为龙章凤姿。天质自然，恬静寡欲，含垢匿瑕，宽简有大量。学不师授，博览无不该通。长好庄、老。与魏宗室婚，拜中散大夫，常修养性服食之事。弹琴咏诗，自足于怀。"（均见《晋书》本传）年四十，为晋文帝所杀。嵇康是"竹林七贤"的领袖人物。嵇康是魏晋玄学的代表人物之一，善于音

嵇康

律。创作有《长清》《短清》《长侧》《短侧》，合称"嵇氏四弄"，与东汉的"蔡氏五弄"合称"九弄"。隋炀帝曾把"九弄"作为科举取士的条件之一。其留下的"广陵绝响"的典故被后世传为佳话，《广陵散》更是成为我国十大古琴曲之一。他的《声无哀乐论》《与山巨源绝交书》《琴赋》《养生论》等作品亦是千秋相传的名篇。

刘义庆 （403 年 ~444 年），字季伯，南朝宋政权文学家，彭域（今江苏徐州市）人，宋武帝刘裕侄，长沙景王刘道怜次子，继于叔父临川王刘道规，袭封"临川王"，征为侍中。文帝时，转散骑常侍、秘书监，徙度支尚书，迁丹阳尹，加辅国将军。后任尚书左仆射，加中书令，出为荆州刺史，再转任南兖州刺史，加开府仪同三司。

刘义庆

《宋书》本传说他秉性简素，寡嗜欲，爱好文义，招聚文学之士，远近必至。当时有名的文士如袁淑、陆展、何长瑜、鲍照等人都曾受到他的礼遇。刘义庆自幼才华出众，38 岁开始编撰《世说新语》。《世说新语》原为 8 卷，今本作 3 卷，依内容可分为"德行""言语""政事""文学"等 36 类，每类收有若干则，全书共 1000 多则，每则文字长短不一，有的数行，有的三言两语，记载了自汉魏至东晋的遗闻轶事。所记虽是片言数语，但内容非常丰富，广泛地反映了这一时期士族阶层的生活方式、精神面貌及其清谈放诞的风气。这部书对后世笔记小说的发展有着深远的影响，而仿照此书体例写成的作品更不计其数，在古小说中自成一体。书中不少故事，或成为后世戏曲小说的素材，或成为后世诗文常用的典故，在中国文学史上具有重要的地位，鲁迅先生称它为"名士的教科书"。

除《世说新语》外，刘义庆还著有志怪小说《幽明录》。公元 444 年（元嘉二十一年）刘义庆因疾死于建康（今江苏南京），年仅 41 岁，谥"康王"。

岑参　（715 年 ~770 年），原籍南阳（今属河南新野），迁居江陵（今属湖北），荆州江陵（湖北江陵）人，唐代著名的边塞诗人，其诗歌富有浪漫主义的特色，气势雄伟，想象丰富，色彩瑰丽，热情奔放，尤其擅长七言歌行。

岑参出身于官僚家庭，与同代的高适齐名，并与高适并称"高岑"。他自幼从兄受书，遍读经史。20 岁至长安，献书求仕。求仕不成，奔走京洛，漫游河朔。30 岁时中进士，授兵曹参军。天宝八载（749 年），充安西四镇节度使高仙芝幕府书记，赴安西，751 年回长安。754 年又作为安西北庭节度使封常清的判官，再度出塞。安史之乱后，至德二载（757 年）才回朝。前后两次在边塞历时 6 年。回朝后，由杜甫等推荐任右补阙，以后转起居舍人等官职，大历元年（766 年）官至嘉州刺史，世称"岑嘉州"。以后罢官，客死成都旅舍。

岑参

岑参诗歌的题材涉及述志、赠答、山水、行旅各方面，而以边塞诗写得最出色，"雄奇瑰丽"是其突出特点。岑参两度出塞，写了 70 多首边塞诗。在盛唐时，他写的边塞诗数量最多，成就最突出。《走马川行奉送封大夫出师西征》《轮台歌奉送封大夫出师西征》《白雪歌送武判官归京》等是岑参边塞诗中的代表。尤其是《白雪歌送武判官归京》，这首送别诗色彩瑰丽浪漫，气势浑然磅礴，堪称盛世大唐边塞诗的压卷之作，其中一句"忽如一夜春风来，千树万树梨花开"传颂至今。

孟郊（751年～814年），字东野，唐代著名诗人湖州武康（今浙江德清）人。孟郊有"诗囚"之称，与贾岛齐名，人称"郊寒岛瘦"。孟诗现存500多首，以短篇五古最多，没有律诗。艺术上不蹈袭陈言，或擅长用白描手法，不用典故词藻，语言明白淡素，而又力避平庸浅易；或"钩章棘句，掐擢胃肾"（《墓志》），精思苦炼，雕刻其险；如韩愈所说"规模背时利，文字觑天巧"（《答孟郊》），一扫大历以来的靡弱诗风。其诗篇有的反映时代现实，如《征妇怨》《感怀》《杀气不在边》《伤春》等；有的反映百姓疾苦，如《织妇辞》《寒地百姓吟》等；有的表现骨肉深情，如《游子吟》《结爱》《杏殇》等；有的刻画山水风景，如《汝州南潭陪陆中丞公宴》《与王二十一员外涯游枋口柳溪》《石淙》《寒溪》《峡哀》《游终南山》等。虽然所反映的内容不同，但都思深意远，造语新奇，体现了孟诗的特色。

孟郊

苏辙（1039年～1112年），宋代著名文人。字子由，眉州眉山（今属四川）人。嘉祐二年（1057年）与其兄苏轼同登进士科。

苏辙

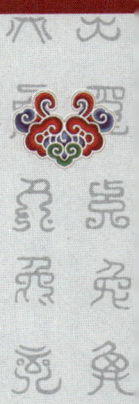

兔年说兔

○三五

神宗朝，为制置三司条例司属官。因反对王安石变法，出为河南推官。哲宗时，召为秘书省校书郎。元祐元年（1086 年）为右司谏，历官御史中丞、尚书右丞、门下侍郎，因事忤哲宗及元丰诸臣，出知汝州，再谪雷州安置，移循州。徽宗立，徙永州、岳州复太中大夫，又降居许州致仕。自号"颍滨遗老"。卒，谥"文定"。唐宋八大家之一，与父洵、兄轼齐名，合称"三苏"。苏辙生平学问深受其父兄影响，以儒学为主，最倾慕孟子而又遍观百家。他擅长政论和史论，在政论中纵谈天下大事，分析当时政局，颇能一针见血。史论同父兄一样，针对时弊，古为今用。他的文章风格汪洋淡泊，也有秀杰深醇之气。他的赋也写得相当出色。例如《墨竹赋》赞美画家文同的墨竹，把竹子的情态写得细致逼真，富于诗意。苏辙写诗力图追步苏轼，今存诗作为数也不少，风格淳朴无华，文采稍逊于轼。

郭守敬 （1231 年 ~1316 年），字若思，元朝天文学家、数学家、水利专家和仪器制造专家，顺德邢台（今河北邢台）人。他毕生从事科学技术事业，历时 60 多年，不仅在天文学和水利工程方面成绩卓著，而且在地理学、数学和机械工程等方面作出了重要贡献，是 13 世纪世界上杰出的学者之一。

1276 年，郭守敬和王恂、许衡等人开始编制新历法。历时 4 年，终于编制出我国古代最先进、施行最久的历法《授时历》。《授时历》通行 360 多年，是当时

郭守敬

世界上最先进的一种历法。1981年，为纪念郭守敬诞辰750周年，国际天文学会以他的名字为月球上的一座环形山命名。为了编历，他创制和改进了简仪、高表、候极仪、浑天象、仰仪、立运仪、景符、窥几等十几件天文仪器仪表；还在全国各地设立27个观测站，进行了大规模的"四海测量"，测出的北极出地高度平均误差只有0.35；新测二十八宿距度，平均误差还不到5'；测定了黄赤交角新值，误差仅1'多；取回归年长度为365.2425日，与现今通行的公历值完全一致。郭守敬编撰的天文历法著作有《推步》《立成》《历议拟稿》《仪象法式》《上中下三历注式》和《修历源流》等14种，共105卷。

郭守敬还致力于河工水利。1262年（中统三年），郭守敬被任命做提举，负责各路河渠的整修管理事务。以后，郭守敬又被擢升做副河渠使、都水少监、都水监、工部郎中等官职。1264年（世祖至元元年），张文谦以中书左丞行省西夏，在他的支持下，郭守敬修整了西夏（今甘肃、宁夏及内蒙古西部一带）沿黄河一带的古灌溉渠道，疏浚修复今银川一带的唐徕、汉延等大小数十条渠道，万余顷土地得以灌溉，使西夏故地再现"塞北江南"的景象。唐徕、汉延两古渠灌溉至今，银川平原依然是西北重要的农业基地之一。为了纪念郭守敬在西夏治水的功绩，宁夏建有郭守敬祠堂。

郭守敬在水利方面的最大贡献是开凿了元大都至通州的运河，即"通惠河"。1291年（至元二十八年），郭守敬提出了包括兴修大都运粮河在内的11条水利建议。第二年，他以太史令兼领都水监事，主持了这项工作。这条160里的运河和配套工程，仅用一年半时间就全部完成了，取名"通惠河"。南方的运粮船可以一直沿着大运河直达北京。从此，古代沟通中国南北的大动脉——京杭大运河全部完成了。

胡适（1891 年～1962 年），安徽绩溪上庄村人。现代著名学者、诗人、历史学家、文学家、哲学家。因提倡文学革命而成为新文化运动的领袖之一。原名嗣穈，学名洪骍，字希疆，后改名胡适，字适之，笔名天风、藏晖等。其中，"适"与"适之"，乃取自当时盛行的达尔文学说"物竞天择适者生存"。

胡适墓志铭由知名学者毛子水撰文，金石名家王壮为先生书写，其内容为："这是胡适先生的墓，生于中华民国纪元前二十一年，卒于中华民国五十一年。这个为学术和文化的进步，为思想和言论的自由，为民族的尊荣，为人类的幸福而苦心焦思，敝精劳神以致身死的人，现在在这里安息了！我们相信形骸终要化灭，陵谷也会变易，但现在墓中这位哲人所给予世界的光明，将永远存在。"

胡适

三、兔年大事记

1903 年

8 月末，孙中山在日本秘密组建军事学校。

11 月 4 日，黄兴、陈天华、宋教仁、章士钊等在长沙组织革命团体华兴会，黄兴为会长。

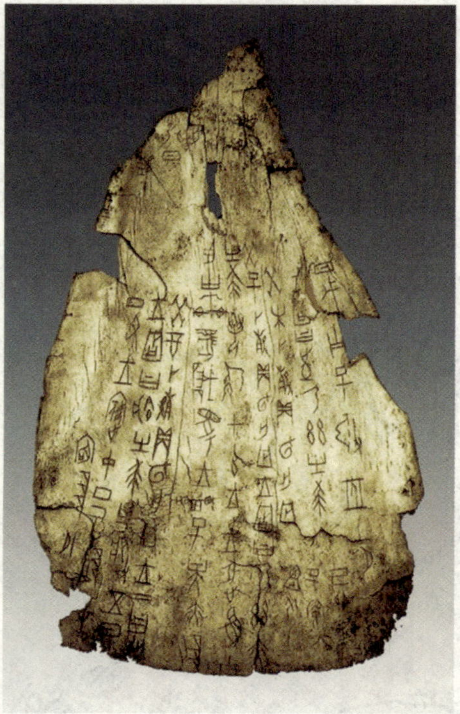

12 月 13 日，英军大举入侵西藏，进抵西藏亚东。

12 月 17 日，世界上第一架载人动力飞机在美国北卡罗来纳州的基蒂霍克飞上了蓝天。

1903 年，陈天华著的《猛回头》《警世钟》出版，刊后广为流传。

1903 年，在河南安阳发现甲骨上刻有文字，经金石学家王懿荣研究后称"甲骨文"，被英、美人士低价购买，从此大量流失。

1903 年，李宝嘉著《官场现形记》、吴趼人著《二十年目睹之怪现状》、刘鹗著《老残游记》、曾朴著《孽海花》，被称为"晚清四大谴责小说"。

1915 年

1月9日，一战中，丘吉尔组织的加里波利战役开始。

5月9日，袁世凯屈服日本，接受丧权辱国的《二十一条》。各城市纷纷集会，拒不承认《二十一条》，誓雪国耻。

6月7日，中、俄、蒙签订《恰克图协约》。

9月15日，陈独秀创办《新青年》，打起民主与科学两面大旗。

12月12日，袁世凯称中华帝国大皇帝。

12月25日，蔡锷、唐继尧等通电各省宣告云南独立，声讨袁世凯，并建立护国军。

12月，孙中山发表《讨袁宣言》。

12月，商务印书馆出版由陆尔奎、傅云森、方毅等编纂的《辞源》，畅销全国。

1927 年

1月2日，汉口爆发"一·三"事件，中国政府宣布收回汉口英租界。

2月21日，国民党决定改直隶省为河北省，北京为北平。

3月5日，毛泽东发表《湖南农民运动考察报告》。

3月24日，南京发生"南京惨案"（又叫"三二四惨案"）。3月23日，北伐军兵临南京城下，北洋军阀部队眼看守城无望，便准备渡江撤退。这时，南

京城里的一些兵痞和流氓乘机进行抢劫。24 日，北伐军先头部队进城，骚乱继续发生。下午 3 时 40 分，停泊在下关江面的英国、美国、日本、法国、意大利等国的军舰竟借口保护侨民和领事馆，向南京城内进行猛烈炮击，时间长达一小时之久，酿成炸死炸伤中国军民 2000 多人、毁坏房屋无数的"南京惨案"。

4 月 12 日，蒋介石制造"四一二"反革命政变，叛变革命，公开屠杀共产党人和革命群众。

4 月 14 日，蒋介石在南京建立代表大地主大资产阶级的南京国民政府。后来，与武汉汪精卫国民政府合并，被称为"宁汉合流"。

5 月 23 日，甘肃古浪发生 8 级地震。地震波及甘肃、青海、陕西等地。武威、塔儿庄、张义堡、黑松驿、黄羊川等地破坏极为严重。古浪县城受到严重破坏。

7 月 15 日，汪精卫制造"七一五"反革命政变，大革命宣告失败。

7 月 25 日，日本首相上奏日皇"田中奏折"，企图征服满蒙、中国和世界。

8 月 1 日，中国共产党人周恩来、朱德、叶挺、贺龙、刘伯承领导了南昌起义，打响了武装反抗国民党反动派的第一枪。

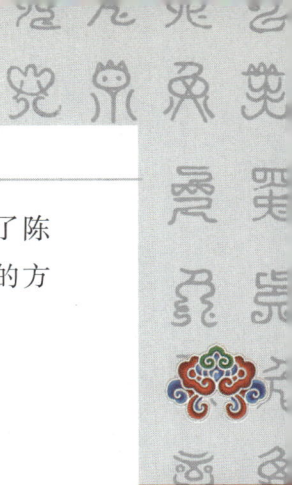

8月7日，中共中央在汉口召开紧急会议，史称"八七会议"，结束了陈独秀右倾投降主义错误，确定武装反抗国民党反动统治和开展土地革命的方针。这是大革命失败到土地革命的转折点。

8月13日，蒋介石宣布"下野"。

8月25日，武汉政府宣布迁都南京，并改组"国民政府"。

9月9日，毛泽东发动秋收起义，后向井冈山进军。

10月，毛泽东在井冈山建立农村革命根据地。

11月1日，宋庆龄成立国民党临时行动委员会。

本年，在周口店发现新类型古人类化石，俗称"北京人"。

"北京人"的头骨化石和复原像

1939 年

2月2日，陕甘宁边区成立生产委员会，开展大生产运动。

3月27日，日军占领南昌，日军伤亡1.3万人。

5月3日，日军轰炸重庆，景象惨烈，死伤数千人。

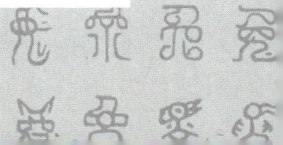

5月22日，德意法西斯签订战略同盟协定。

5月31日，汪精卫到达日本。在日期间，与日本首相平沼骐一郎和陆军、海军、外务、大藏等大臣举行会谈，汪在会谈中表示将"号召国民党及其他各党派和无党派同志，设想在南京成立推行和平方针的国民政府"。

6月6日，日本"五相（首相、外相、藏相、陆相、海相）"会议决定成立"中国新中央政府"的方针。同时策动蒋介石投降，说蒋介石"亦可参加新政府"。

9月1日，德国闪击波兰，第二次世界大战在欧洲爆发。

9月3日，英、法对德宣战。

11月12日，国际主义战士诺尔曼·白求恩逝世。

1951 年

4月18日，欧洲煤钢联营正式成立。法、西德、意、比、荷、卢等6个西欧国家在巴黎签订为期50年的《欧洲煤钢联营条约》。

4月，西藏地方噶厦政府派阿沛·阿旺晋美为首席代表到北京谈判。5月23日，中央人民政府和西藏地方政府的代表就西藏和平解放的一系列问题达成协议，签订了《中央人民政府和西藏地方政府关于和平解

放西藏办法的协议》（简称"十七条协议"）。协议明确规定，有关西藏的各项改革事宜，中央不加强迫，西藏地方政府自动进行改革。和平解放西藏的协议受到西藏各民族人民的赞成和拥护。同年 10 月 26 日，人民解放军在西藏人民的支持下，顺利进驻拉萨。西藏和平解放，结束了西藏近代以来遭受帝国主义、殖民主义侵略的历史，捍卫了国家统一和民族团结大业，同时也为西藏的民主改革和民族区域制度的建立，为西藏的社会进步、经济发展奠定了坚实的基础。

4 月，国际民主妇女联合会在苏联莫斯科召开，决定每年的 6 月 1 日为国际儿童节。

1951 年秋至 1952 年秋，我国开始知识分子的自我教育和自我改造运动。比较集中的思想改造学习运动则是从 1951 年 9 月下旬在北京、天津的高等学校教师中首先开始的。9 月 29 日，周恩来总理受中央委托，向两市高校教师学习会作了《关于知识分子的改造问题》的报告。同年 11 月 30 日，中共中央发出《关于在学校中进行思想改造和组织清理的指示》。此后运动由教育界逐步扩展到文艺界和整个知识界。1952 年秋基本结束。

1950 年，电影《武训传》摄制完成。1951年 5 月 20 日，《人民日报》发表社论《应当重视〈武训传〉的讨论》，随后新中国电影史上展开了第一场对电影的大规模批判。7 月 23日，《人民日报》又公布了经毛泽东亲笔修改的《武训历史调查记》。这样，《武训传》的讨论就变成了全国性的政治大批判。直到 1986年，影片才得到平反。

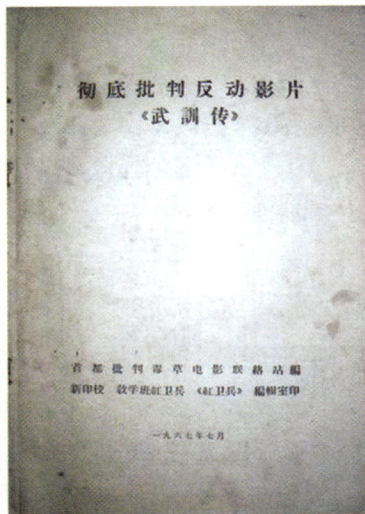

9月9日，中共中央召开第一次农业互助合作会议，通过《中共中央关于农业生产互助合作决议（草案）》。到1952年底，全国互助组发展到830余万个，农业生产合作社3600余个，组织起来的农户达全国总农户的40%。

　　12月8日，中共中央发出《关于反贪污斗争必须大张旗鼓地去进行的指示》，"三反"运动在全国展开。

1963 年

　　1月2日，上海市第六人民医院成功地将一名工人王存柏完全被机器轧断的右手重新接合起来。这种"前臂完全性创伤截肢再植手术"在当时世界上是极为少见的，在国内也是首次施行成功。

　　1月7日，国防部批准授予沈阳部队工程兵某部雷锋生前所在班为"雷锋班"。

　　1月23日，共青团中央发布决定，追认雷锋为全国优秀少先队辅导员。

　　3月5日，《人民日报》发表毛泽东题词——"向雷锋同志学习"。随后，又发表了刘少奇、周恩来、朱德、邓小平的题词。同日，《人民日报》还发表了罗瑞卿写给《中国青年》的文章《学习雷锋》。解放军总政治部、团中央和全

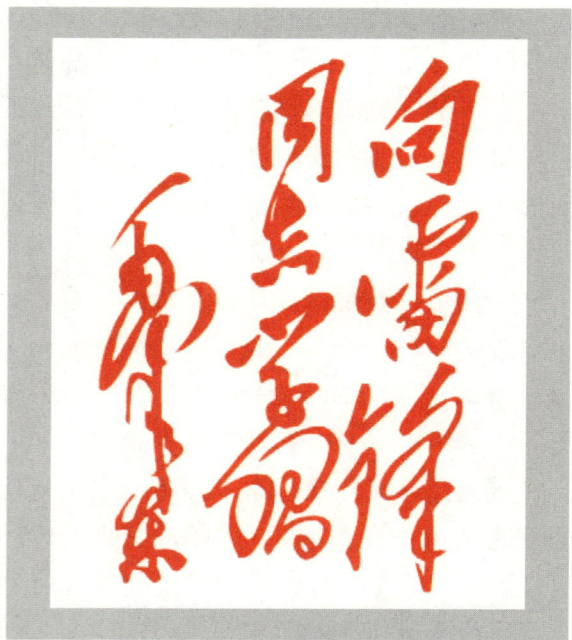

国总工会也分别发出通知，号召广泛开展学习雷锋的活动。从此，在全国迅速掀起了一个学习雷锋先进事迹的热潮。

5月25日，由非洲31个独立国家的元首、政府首脑在埃塞俄比亚首都亚第斯亚贝巴签署《非洲统一组织宪章》，决定成立非洲统一组织，并确定5月25日为"非洲解放日"。

6月29日至7月10日，中央安置工作领导小组召开6个大区城市精简职工和青年学生安置工作会议。有11个重点省、市主管安置工作的领导同志参加了这次会议。11月18日至12月7日，中央安置工作领导小组又召开了城市知识青年下乡插队的经验交流座谈会。据新华社报道：1962、1963两年，有16个地区动员和组织了近10万名知识青年下乡插队。

11月22日，美国总统约翰·肯尼迪在达拉斯的迪利广场遇刺身亡，副总统林登·约翰逊接任总统一职。

知识青年上山下乡的榜样人物：邢燕子

1975 年

1月13日至17日，第四届全国人民代表大会第一次会议在北京举行。会议的结果表明，"四人帮"组阁阴谋被挫败。会后，周恩来病重，邓小平

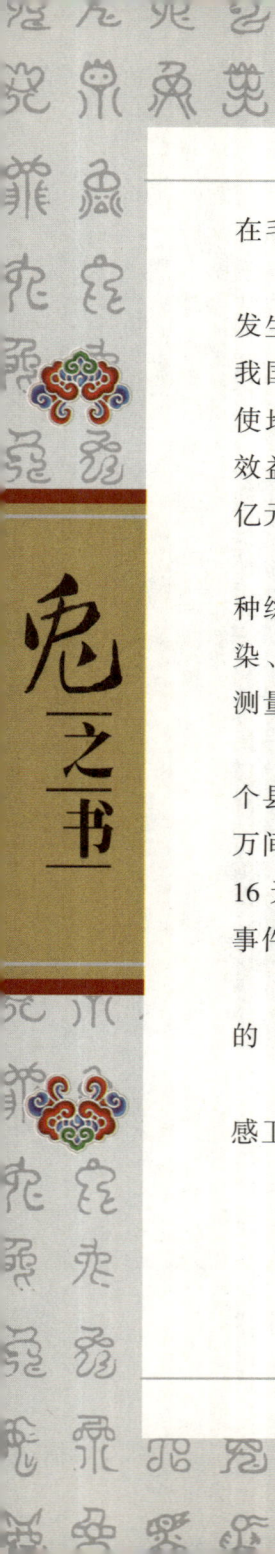

在毛泽东的支持下，实际开始主持中央日常工作。

2月4日，海城发生 7.3 级地震。极震区面积为 760 平方公里。这次地震发生在人口稠密、工业发达的地区，是该区有史以来强度最大的地震。由于我国地震部门对这次地震作出预报，当地政府及时采取了有力的防震措施，使地震灾害大大减轻。海城地震预报的成功取得了巨大的社会效益和经济效益。据推测，如无预报，人员伤亡将达 15 万人左右，经济损失将超过 50 亿元。

5月，中国科学工作者在中国登山队的配合下，对珠穆朗玛峰进行多学种综合考察，其中包括测绘、地质、高山生理、大气物理等学科以及本底污染、重水研究等项目。中国登山队员登上珠峰后，竖立了 3 米高的红色金属测量觇标，测定珠峰海拔高度为 8848.13 米。

8月4日~8月8日，河南省驻马店突发暴雨，水坝溃决，河南省内 30 个县市、1780 万亩农田被淹，1015 万人受灾，死亡 3.13 万人，倒塌房屋 524 万间，冲走耕畜 30 万头，纵贯中国南北的京广线被冲毁 102 公里，中断行车 16 天，影响运输 46 天，直接经济损失近百亿元，成为世界最大的水库垮坝事件。

11月3日，毛泽东对清华大学党委副书记刘冰等人的信件批示，并开始的"反击右倾翻案风"运动，不点名地批判邓小平，全国再度陷入混乱。

11月26日，中国用"长征 2 号"运输火箭成功地发射了一颗返回式遥感卫星。

1987

1月1日，《中华人民共和国民法通则》正式施行。

1月1日，《中华人民共和国治安处罚条例》开始实施。

1 月 16 日，中共中央政治局召开扩大会议。会议决定，同意胡耀邦辞去党中央总书记职务的请求，推选赵紫阳代理党中央总书记。10 月 20 日，中共十二届七中全会确认了这两项决定。

　　2 月 6 日，邓小平在同几位中央负责人谈话时指出，计划和市场都是发展生产力的方法，现在不要再讲计划经济为主了。

　　3 月 26 日，中葡两国政府草签关于澳门问题的联合声明。声明确认，中华人民共和国政府将于 1999 年 12 月 20 日对澳门恢复行使主权。4 月 13 日，两国政府总理在北京正式签署这一联合声明。1988 年 1 月 15 日，两国政府互换批准书，中葡联合声明生效。

　　4 月 30 日，邓小平在会见西班牙工人社会党副总书记、政府副首相格拉谈话时，完整地阐述了我国分三步走、基本实现现代化的发展战略。

　　5 月 6 日～6 月 2 日，黑龙江大兴安岭地区发生特大森林火灾。这是新中国成立以来最大、损失最严重的森林火灾。

　　6 月 12 日，邓小平在会见南斯拉夫共产主义联盟中央主席团委员科罗舍茨时指出，改革是全面的改革，包括经济体制改革、政治体制改革和相应的其他各个领域的改革。开放是对世界所有国家的开放，对各种类型的国家开放。

　　6 月，韩国百万人走上汉城街头要求改宪。军队已经无法再压制民主运动。全斗焕军政府在内外压力下，被迫接受宪改方案，采用总统直接选举制，独裁统治在韩国终结。

1987 年大兴安岭森林大火

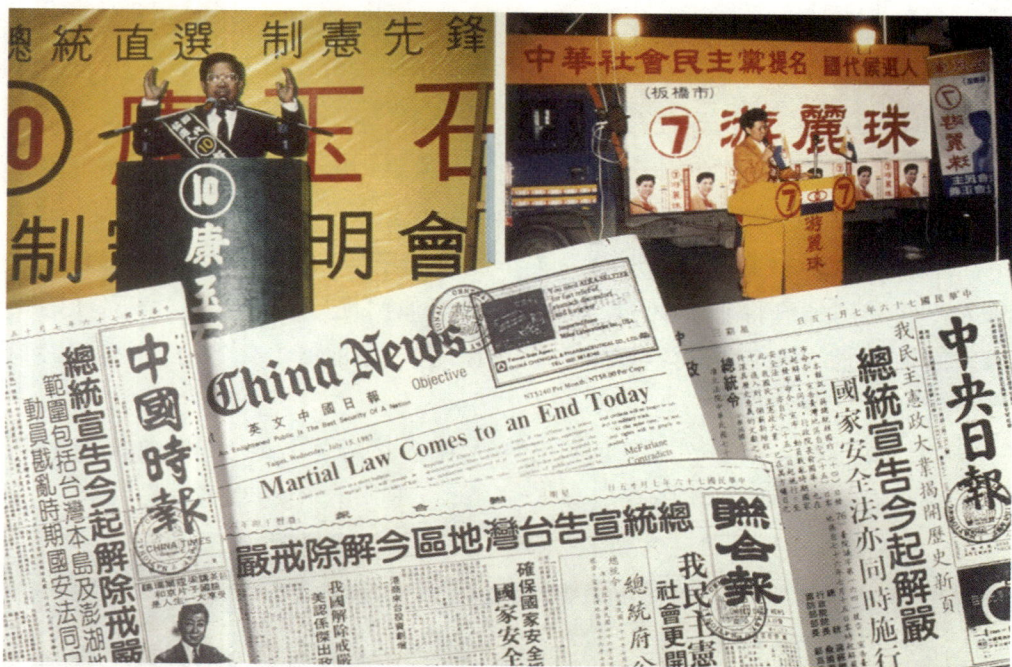

　　7月14日，台湾"中华民国总统"蒋经国发布命令，宣告台湾地区，包括台湾本岛和澎湖地区，自明日零时起解除戒严。国民党赴台38年来对台岛一直实行戒严。解严声明宣布废止戒严期间依据"戒严法"制定的30项法令。

　　8月25日，道琼斯指数达到顶峰，随之而来的是又一次股市崩盘。尽管这一次股市崩溃来势凶猛，而且金融市场的全球化使得世界其他金融市场也受到波及，但是人们的命运却并没有那么悲惨，与60年前的人们不同，他们已经运用了分散投资的原理，在股市中的投资只是他们资产组合中的一部分。

　　8月29日，邓小平在会见意大利共产党领导人约蒂和赞盖里谈话时指出，我们党的十三大要阐述中国社会主义是处在一个什么阶段，就是处在初级阶段，是初级阶段的社会主义。一切都要从这个实际出发，根据这个实际来制订规划。

9月14日晚，在北京车道沟10号中国兵器工业计算机应用技术研究所的一栋小楼里，13位中、德科学家围在一台西门子7760大型计算机旁进行电子邮件的试验发送。因一个数据交换协议有点小漏洞，导致邮件未发出去。9月20日20点55分，发送键再次按下，中国第一封电子邮件发送成功。

10月14日，国务院有关方面负责人就台湾国民党当局有限制地开放台湾同胞赴大陆探亲一事，向新华社记者发表谈话指出：台湾当局采取这一措施对两岸人民的交往是有利的。并且表示：热情欢迎台湾同胞到祖国大陆探亲旅游，保证来去自由。同时也希望台湾当局允许大陆同胞到台湾探亲。

10月25日～11月1日，中国共产党第十三次全国代表大会举行。赵紫阳作《沿着有中国特色的社会主义道路前进》的报告。报告阐述了社会主义初级阶段理论，提出了党在社会主义初级阶段的"一个中心、两个基本点"的基本路线，制定了到21世纪中叶分三步走、实现现代化的发展战略，并提出了政治体制改革的任务。大会通过了关于党章部分条文修正案的决议。11月2日，十三届一中全会选举赵紫阳、李鹏、乔石、胡启立、姚依林为中央政治局常委，赵紫阳为中央委员会总书记；决定邓小平为中央军委主席，批准陈云为中央顾问委员会主任、乔石为中央纪律检查委员会书记。

1999 年

1月1日，欧洲单一货币欧元在欧盟11国正式启动，欧洲一体化进程又迈出了重要的一步。

1月9日，中国南极冰盖考察队闯入"禁区"，到达南极冰盖最高区域，成为国际横穿南极计划实施以来，第一支闯入这一"禁区"的考察队。

3月24日，以美国为首的北约向南联盟发动大规模空中打击，这是北约成立以来首次未经联合国授权而对一个主权国家进行武力干涉。

5月1日，中国昆明世界园艺博览会在昆明金殿举办。

5月8日清晨，以美国为首的北约悍然用导弹袭击我国驻南斯拉夫大使馆，造成我人员重大伤亡，馆舍严重毁坏，这一暴行严重践踏了国际法和国际关系准则。

6月10日，联合国安理会通过《科索沃问题决议》，南联盟开始从科索沃撤军。北约于同日宣布暂停对南联盟已持续78天的轰炸，俄罗斯和北约维和部队进入科索沃。

10月1日，首都各界庆祝中华人民共和国成立五十周年大会在天安门广场举行。国家主席、中央军委主席江泽民同志检阅了人民解放军陆海空三军和人民武装警察部队、民兵预备役部队组成的42个地面方队。50万军民参加了盛大的阅兵式和群众游行。

10 月 12 日，世界人口达 60 亿，被联合国确定为世界 60 亿人口日。

10 月 12 日，以参谋长联席会议主席穆沙拉夫为首的巴基斯坦军方发动军事政变，宣布解散总理谢里夫领导的穆斯林联盟政府，军方控制了全国局势。

11 月 8 日，中共中央发出《关于加强和改进思想政治工作的若干意见》，《意见》指出，高度重视思想政治工作是我党的优良传统和政治优势。在改革开放和发展社会主义市场经济的进程中，紧密结合新的历史条件，充分发挥党的这一政治优势，具有重要的现实意义和长远历史意义。

11 月 20 日，我国第一艘或人航天实验飞船在酒泉卫星发射中心发射升空，完成预定的空间科学实验后，于 21 日在内蒙古自治区中部地区成功着陆。江泽民为飞船题名"神舟"。中共中央、国务院、中央军委致电热烈祝贺。

12 月 20 日，中葡两国政府澳门政权交接仪式隆重举行，江泽民主席郑重宣告中国政府对澳门恢复行使主权，中华人民共和国澳门特别行政区成立。澳门行政区政府宣誓就职。中共中央、全国人大、国务院、全国政协、中央军委在京举行"首都各界庆祝澳门回归祖国大会"。

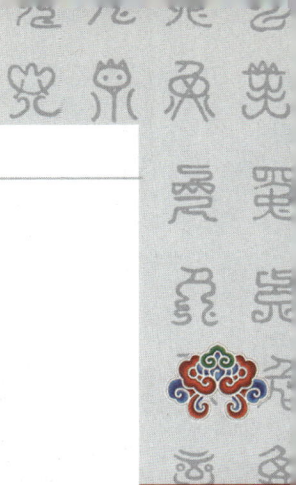

说文解兔

一、汉字"兔"

　　"兔",是动物兔的象形字。《说文解字》中说:"兔,兽名,踞后其尾形。""兔"字一点为尾,与土同音系,源自兔与土同色。甲骨文、篆文的"兔"十分形象地描画了兔子长耳短尾的特征。隶书之后"兔"就变得不那么象形了。

　　解"兔"必参"逸",兔走为逸。在《说文解字》中,"兔"同"逸",即飞奔。"逸",失也,从兔从辶从止,三根会意,乃兔子快速逃离,《说文解字》中,"逸"善逃也,古音为离。

　　"兔"同"逸",说明古人旦就认为兔的最大特点在于奔跑。现代科学发现,兔的奔跑时速可达 70 多公里,比马跑得还快。兔在

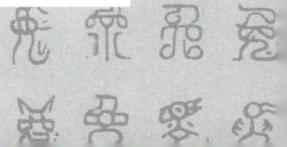

甲骨文

金文　　小篆　　隶书　　楷书　　草书　　行书

安静时心率为 205 下，它的鼻后部裂口很大，便于大量吸入氧气。这些特征恰如《孙子兵法》所言"动如脱兔"。《淮南子》中也说"兔子走火如马则追风逮日"。兔是食草类动物，因此被赋予躲避危险的才能，这也是进化的恩典。

"兔"还与"免"字形接近。据说，如果兔子的尾巴没被捉住，祸事便可以免。但免非从兔而来。兔去尾为"免"，免者一为免除、避免："五国既丧，齐亦不免矣"（苏洵《六国论》）；二为除去："左右皆免胄而下拜"（《国语》）；三为释放，赦免："赦之，以劝事君者，乃免之"（《左传》）。其余还有，皆有除去之意，故而免当从兔，去点除尾。

另有"冤"字，冤，屈也，从兔从门，兔在门下，不得走，益曲折也。

二、与兔有关的成语

兔角牛翼——兔不生角，牛不长翼，故以"兔角牛翼"比喻不合情理。

兔葵燕麦——形容景象荒凉。

兔起凫举——比喻行动快速。

兔起鹘落——谓兔子刚出窝，鹘立即降落捕捉。极言动作敏捷，亦比喻作书画或写文章下笔迅捷。

兔起乌沉——谓月出日落。

兔丝燕麦——比喻有名无实。

兔死狗烹——兔子死后，猎狗被烹食。比喻事成之后，被利用的就被抛弃或杀掉。多指残害有功之人的行为。

兔死狐悲——比喻因同类的不幸感到悲伤。

兔死犬饥——比喻敌人灭亡后，功臣不受重用。

兔头麋脑——形容人面貌猥琐。多形容坏人。

兔走乌飞——谓日月运行，光阴流逝。兔，月中玉兔；乌，日中三足金乌。

白兔赤乌——月亮

和太阳的代称。多借指时间。

　　守株待兔——《韩非子·五蠹》："宋人有耕者，田中有株，兔走触株，折颈而死，因释其耒而守株，冀复得兔，兔不可复得，而身为宋国笑。"后以"守株待兔"比喻死守狭隘经验，不知变通。也比喻企图不经过主观努力而侥幸得到意外的收获。

　　得兔忘蹄——意同得鱼忘荃。蹄，兔置，捕兔的网。语出《庄子·外物》："蹄者所以在兔，得兔而忘蹄。"

　　东兔西乌——谓月亮东升，太阳西落，表示时光飞逝。

　　狡兔三窟——比喻藏身处多，便于避祸。

　　龟毛兔角——龟生毛，兔长角。本指战争的征兆。后比喻不可能存在或有名无实的东西。

　　见兔放鹰——比喻看准时机，及时采取行动，可获实利。

　　见兔顾犬——比喻事态紧急，但及时想办法还来得及。语出《战国策·楚策四》："见兔而顾犬，未为晚也。"

　　静若处子，动若脱兔——语出《孙子·九地》："是故始如处女，敌人开户，后如脱兔，敌不及拒。"形容未行动时就像处女那样稳重、娴静，行动时像逃跑的兔子那样敏捷迅速。

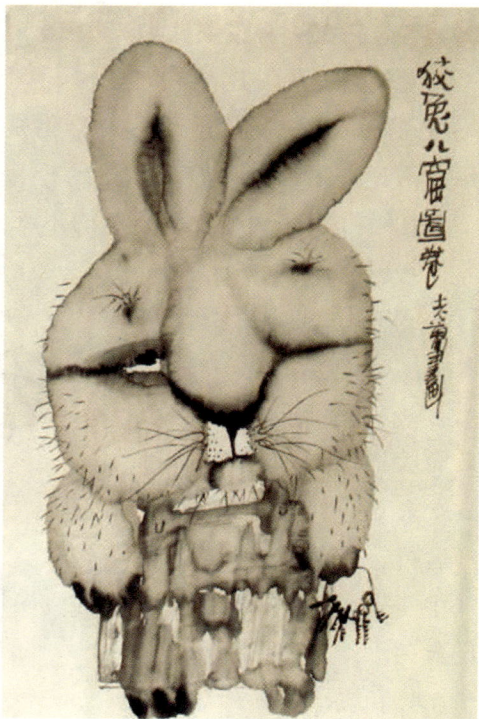

狼奔兔脱——形容仓皇逃窜。

犬兔俱毙——《战国策·齐策三》载，"齐欲伐魏，淳于髡谓齐王曰：'韩子卢者，天下之疾犬也；东郭逡者，海内之狡兔也。韩子卢逐东郭逡，环山者三，腾山者五，兔极于前，犬废于后，犬兔俱罢，各死其处。田父见之，无劳倦之苦而擅其功。'"后以"犬兔俱毙"喻双方同归于尽。

狮象搏兔，皆用全力——形容事无论大小都认真对待，不掉以轻心。

一雕双兔——唐李林甫、张九龄、裴耀卿并为相，李受重用而张、裴二人势寡，时人窃言"一雕挟两兔"。后以"一雕双兔"谓三人并列显位，一人势盛而两人受其挟制。

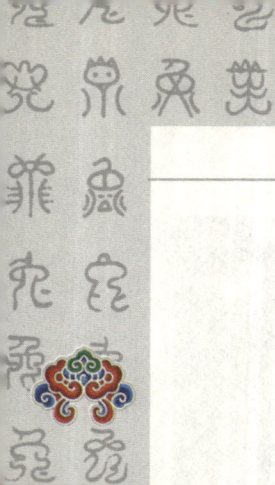

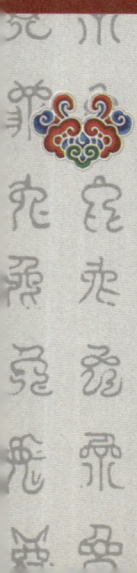

三、与兔有关的歇后语

狡兔撞鹰——以攻为守

见了兔子才放鹰——有利才出征

猴子笑兔子尾巴短——彼此彼此

红毛兔子——老山货

活剥兔子——扯皮

打兔子碰见了黄羊——捞了个大外快

丢了黄牛撵兔子——不知哪大哪小

不倒翁骑兔子——没个老实劲儿

穿了兔子鞋——跑得快

开着拖拉机撵兔子——有劲使不上

老虎皮，兔子胆——色厉内荏

老牛追兔子——上气不接下气

属兔子的——一蹦三尺高

年三十晚上打兔子——有它过年，没它也过年

敲锣撵兔子——起哄

青蛙望玉兔——天地之别

兔子成精——赛老虎

兔子下儿——与众不同

兔子见了鹰——毛了

拾柴打兔子——一举两得

套马杆子逮兔子——瞎胡闹

瞎狗逮兔子——碰到嘴上

下雪天打兔子——自跑

小脚女人追兔子——越撵越没影儿

野地里撵兔子——谁逮住就属谁

兔子叫门——送肉来了

兔子进磨道——充什么大耳朵驴

兔子进虎穴——白送死

兔子拉犁耙——心有余而力不足

兔子靠腿狼靠牙——各有各的谋生法

兔子生耗子——一窝不如一窝

兔子尾巴——长不了

兔子蹦到车辕上——充大把式

兔子逗老鹰——没事找事

兔子坐上虎皮椅——六神无主

兔子驾辕牛打套——乱套了

兔子撅尻子——没后劲

兔儿爷打架——散摊子

兔子打架——小打小闹

兔子的眼睛——红人（仁）

兔子抱西瓜——无能为力

兔子毛炒韭菜——乱七八糟

兔儿满山跑——还来归旧窝

鹰饱不抓兔，兔饱不出窝——懒对懒

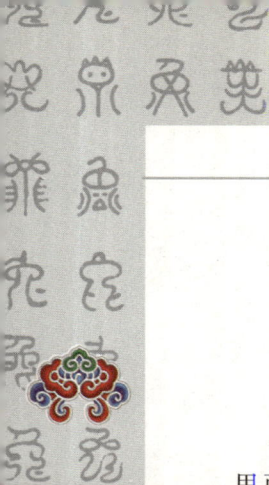

四、与兔有关的俗语

搂草打兔子——来自河南民间的一句俗语，意思是在割草的同时把躲在里面的兔子一并擒获，意同一举两得。

不见兔子不撒鹰——比喻做事时要抓住时机，认准目标。

兔子不吃窝边草——兔子窝边的草是用来藏身用的，把它吃了，岂不是把自己暴露在敌人眼里，这是自取灭亡。所以做人不能为了一点点小事情就出卖朋友，六亲不认，这样众叛亲离只会自取灭亡。

鹰抓兔子猫抓鼠——比喻各有各的特长和能力。亦喻各行其是，各逞其能。

兔能拉车谁买驴——意思是要物尽其用，不能以次充好。

兔跑三遭，原归旧道——形容做事墨守成规，始终走不出老套路。

兔子成亲，还得山神爷把头点——意思是凡事要懂规矩，不能任性胡为。

兔子的腿，女人的嘴——形容人啰嗦、麻烦。

兔子多了也能踩出一条路——意指虽然力量微小，但也能积少成多办大事。

兔子急了还咬人——指为人处世不能太过分，物极必反。

兔子撞到枪口上——形容时机刚好，很凑巧。

五、兔年对联

虎威惊盛世　　　　玉兔迎春至　　　　红梅香小院
兔翰绘新春　　　　红梅祝福来　　　　玉兔下人间

玉兔蟾宫笑　　　　卯门生紫气　　　　兔归月影笑
红梅五岭香　　　　兔岁报新春　　　　花绽春光妍

山君归隐一路雄风

春华秋实

玉兔出行满天春色

兔岁添福气
龙人奋雄程

虎跃前程去
兔携好运来

虎声传捷报
兔影抖春晖

金鸡争唱晓
玉兔喜迎春

耕田能获宝　　虎啸凯歌一曲　　辛帘卷雨饶春意
养兔不守株　　兔奔喜报九州　　卯酒盈杯祝丰年

雪消狮子瘦　　虎去犹存猛劲　　山中虎啸昌新运
月满兔儿肥　　兔来更显奇才　　月里兔欢启宏图

寅年春锦绣　　春自寒梅报起　　门户临风迎春入
卯序业辉煌　　年从玉兔迎来　　高楼触月接兔归

蟾宫降玉兔　　春自卯时报起　　月里嫦娥舒袖舞
庭院绽红梅　　福由兔口衔来　　人间玉兔报春来

说文解兔

月中玉兔下凡界　　玉兔呈祥家家乐　　虎啸群山辞旧岁
陌上金鸡报晓春　　金龙兆瑞步步高　　兔驰沃野庆新春

玉兔迎春春入户　　东风放虎归山去　　虎岁刚饮祝捷酒
金莺报喜喜临门　　明月探春引兔来　　兔年又放报春花

玉兔报春田野绿　　岁首喜看玉兔跃　　虎岁扬威兴骏业
金鸡唱晓艳阳红　　耳边犹有金龙吟　　兔毫着彩绘宏图

玉兔毫光生紫气　　虎去雄风镇五岳　　虎走三关鸡报晓
金龙捷足入青云　　兔生瑞气秀三春　　兔升九域鹿鸣春

虎过关山添活力
兔攀月桂浴春晖

虎年已去春风暖
兔岁乍来喜气浓

虎年喜结丰收果
兔岁欣开幸福花

虎振雄风留浩气
兔迎盛世蔚新春

金虎腾跃风流世
玉兔笑迎锦绣春

兔奔千里传春信
龙起九霄壮国威

寅去卯来腾瑞气
虎归兔到发祥光

喜对良宵玩玉兔
笑同胜友赏新春

萬象更新

福由兔口衔来

春自卯時報起

说文解兔

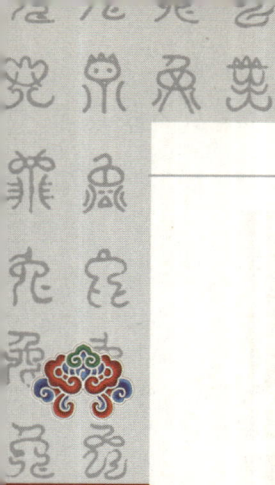

兔之书

卯时美景花方艳　　　喜兔年初露春色　　　送虎岁共庆山河壮
兔岁良辰酒更醇　　　继虎岁大展宏图　　　迎兔年齐歌业绩新

庆玉兔今年奋起　　　虎啸千山声声响应　　　日暖福州春晖万里
祝金龙明岁腾飞　　　兔驰万里步步腾飞　　　兔回大地气象一新

深山虎啸雄风在　　　春归月殿钟催玉兔　　　春回大地百花吐艳
绿野兔奔好景来　　　誉满中华鼓舞金龙　　　兔跃青山万物生辉

玉兔吉祥　金兔送福

玉兔生辉照宽改革路
春风得意吹绽文明花

送金虎硕果丰收千里艳
迎玉兔宏图再展万年青

兔岁初临健步已驰千里
虎年虽去雄风犹镇八方

北斗回寅万户金鸡争唱晓
东风送暖九霄玉兔喜迎春

送虎岁，盈盈硕果山村景
迎兔年，丽丽宏图祖国春

兔岁初临，健步已驰千旦
虎年虽去，雄风犹镇八方

玉兔出宫倾慕人间春色羡
金龙潜海畅游祖国江山娇

虎慢归山因贪人间好春色
兔急下界为览世上新画图

玉兔出宫，倾慕人间春色美
金龙潜海，畅游祖国江山娇

北斗回寅，万户金鸡争唱晓
东风送暖，九霄玉兔喜迎春

虎镇千山，虎威长励英雄志
兔营三窟，兔智频催改革风

虎岁三十，爆竹声声辞旧岁
兔年初一，红联对对迎新年

喜今朝，玉兔欢跃九州生色
望明岁，金龙奋起万里腾飞

兔岁来矣，劝君记取龟兔教训
虎年去也，祝您发扬龙虎精神

说文解兔

六、与兔有关的传说和故事

1.月宫玉兔

　　说到兔子，必然要说到月亮。玉兔，指传说中月宫里的兔子，又指月亮如"玉兔东升"。关于玉兔的传说有很多种，但大多都与嫦娥相关。提到月中玉兔，民间很多传说会将其与奔月的嫦娥联系起来。

　　关于玉兔的来历有多种说法：

　　说法一　传说中月宫里有一只白色的玉兔，她就是嫦娥的化身。因嫦娥奔月后，触犯玉帝的旨意，于是将嫦娥变成玉兔，每到月圆时，就要在月宫里为天神捣药以示惩罚。

　　说法二　传说有三位神仙，化身为三个可怜的老人，向狐狸、猴子及兔子乞食，狐狸及猴子都拿出食物接济老人，只有兔子没有。后来兔子告诉老人："你们吃我吧。"就往烈火中跳了进去，神仙们大受感动，于是将兔子送到广寒宫成了玉兔，后来，玉兔就在广寒宫里和嫦娥相伴，并捣制长生不老药。

说法三　传说很久以前，有一对修行千年的兔子，得道成了仙。它们有四个可爱的女儿，个个生得纯白伶俐。一天，玉皇大帝召见雄兔上天宫，它依依不舍地离开妻儿，踏着云彩上天宫去了。正当它来到南天门时，看到太白金星带领天将押着嫦娥从身边走过。兔仙不知发生了什么事，就问旁边一位看守天门的天神。听完她的遭遇后，兔仙觉得嫦娥无辜受罪，很同情她。但是自己力量微薄，能帮什么忙呢？想到嫦娥一个人关在月宫里，多么寂寞悲伤，要是有人陪伴就好了，忽然想到自己的四个女儿，它立即飞奔回家。

　　兔仙把嫦娥的遭遇告诉雌兔，并说想送一个孩子跟嫦娥作伴。雌兔虽然深深同情嫦娥，但是又舍不得自己的宝贝女儿，这等于是割自己的心头肉啊！几个女儿也舍不得离开父母，个个泪流满面。雄兔语重心长地说："如果是我被孤独地关了起来，你们愿意陪伴我吗？嫦娥为了解救百姓，受到牵累，我们能不同情她吗？孩子，我们不能只想到自己呀！"

　　孩子们明白了父亲的心思，都表示愿意去。雄兔和雌兔眼里含着泪，笑了。它们决定让最小的女儿去。于是小玉兔告别了父母和姐姐们，到月宫陪伴嫦娥捣药去了。

　　说法四　也有人说玉兔本是后羿，因为嫦娥奔月后，非常思念后羿。后羿为了和嫦娥在一起，情愿变成她最爱的小动物——玉兔。可惜嫦娥始终不知玉兔就是她日夜思念的后羿。

　　说法五　源自有关后羿和嫦娥的传说。后羿和嫦娥本是从天庭派到人间的，因嫦娥不愿长期过寂寞的人间

玉兔捣药（宋代铜镜）

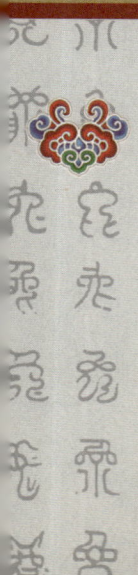

生活，便偷吃了不死药。嫦娥奔月后变成了丑陋的"蟾蜍"（癞蛤蟆），被罚终日捣不死药。日复一日，年复一年，失去了从前的自由，寂寞异常。唐代诗人李商隐曾为之感叹："嫦娥应悔偷灵药，碧海青天夜夜心。"但玉兔何以成了嫦娥呢？据考证："玉兔"源于"於菟"，"於菟"是古代楚地称呼"虎"的土语。上古时代，巴楚一带有民族崇虎。他们不但自称为虎，而且喜欢将山名、地名、水名以"虎"命名，甚至对几乎所有尊崇的神灵都称为虎神，将月神也称为虎神，用其土语说即"於菟"。嫦娥奔月后成为月精，自然也就成了巴楚崇虎民族心目中的"虎神"了，嫦娥自然也就是"於菟"了。而把"菟"解说成"兔"，是晋代学者王逸注解屈原《天问》时望文生义发生的错误。后人沿用这个错误的解释，便以"兔"代"菟"了。又因"於"同"玉"相近，"於菟"一名也就被后人附会成了"玉兔"。可见，玉兔捣药其实就是月神嫦娥捣药。

关于月亮和兔子的传说也有许多版本。

版本一　原先月中只有蟾蜍，没有玉兔。追溯玉兔的缘起，大概与神仙西王母有着不解之缘。

据远古传说，玉兔、三足乌、九尾狐同为西王母的三宝。三足乌的任务是为西王母寻找珍食玉浆，因有功勋而被派往太阳家族；九尾狐专供西王母传唤使用，后来给大禹当过媒人；玉兔常年累月为西王母制造长生不老药，表现最勤劳，便被送上了月宫。

嫦娥奔月后变为蟾蜍，过起"凉霄烟霭外，三五玉蟾秋"的寂寥生涯，玉兔的到来，为她增添了不少生气。自此，她经常伴着玉兔捣药，"攒柯半玉蟾，橐叶彰金兔"，成为月宫中不可分割的一体了。

后来，人们觉得蟾蜍形象总不能看做是美的代表，它与月神的柔和、娴静、典雅也不相容，月宫蟾蜍和月神的自然形象发生感情上的冲突，于是以玉兔替代蟾蜍的想法油然而生。久而久之，玉兔成了广寒仙子——月里嫦娥的再生形象。

玉兔成为月宫的一员，还是在东周战国时代。《楚辞·天问》中说："夜光何德，死则又育。厥利维何，而顾菟在腹。"这是向天体提出了挑战：月亮，它具有什么品德，消亡了又再复生？究竟有什么好处，而抚育个兔儿在怀中？问题虽被发现，但遗憾的是没有人能作答。约三百年后，东汉著名天文学家张衡才解开了迷团："月者，阴精之宗，积而成兽，象兔。"这时，科学家们已经发现，不仅太阳中有黑子，而且月亮中也有阴影，其状如树木，如湖泊，如山峦，如禽兽，且随季节变幻。因此，蟾蜍、玉兔、桂树的神话，也得到进一步流传，以幻想的科学反映了我国古代在天文科学上的重要建树。它比西欧和美洲人观察研究月球的历史，至少早五个多世纪。

版本二　相传远古时，嫦娥吞服长生不老药奔到月宫躲藏。吴刚在凡间本为樵夫，醉心于仙

道，但始终不肯专心学习。天帝因此震怒，把他羁留在月宫，并说："如果你砍倒桂树，就可获仙术。"但吴刚每砍一段时间，桂树便会自动愈合，日复一日，吴刚伐桂的愿望仍未达成，而他也只能不断地砍下去。

版本三 岷江太史公对舍身跃火的玉兔非常敬佩。说玉兔很诚实，一点儿也不奸猾，并有献身精神。岷江太史公认为，人世间你争我夺、弱肉强食，会使社会秩序动荡不安，人们应当像玉兔一样有奉献精神，大家和睦相处。于是下决心要用石头为玉兔雕像，留给人间。

岷江太史公在画这只玉兔草图时，每当月圆都要到岷江岸边的最高处看月宫中的玉兔模样。还真诚地邀请吴刚拿出桂花酒与嫦娥一边饮酒一边看草图，征求修改意见，力求对玉兔的雕刻生动准确。玉兔像雕刻好后，他又诚邀岷江诸神共赏，并根据大家的意见做最后的修改。

岷江太史公用石雕刻下的这只兔子现在已现身人间。这兔好精神，长耳、白毛、红玉双眼，是那样地伶俐乖巧，温柔可爱！

2.玉兔精

《西游记》中的玉兔精原是广寒宫捣药的玉兔，为报私仇思凡下界，在毛颖山中兴妖作怪，手使一条名叫捣药杵的短棍，善于多端变化。她将天竺国公主摄去，扮成公主。

当玉兔精知道唐僧取经要路经天竺国，便想招圣僧为丈夫，以取元阳真气，得道成仙。多亏孙悟空火眼金睛，识破妖精的真相，两人一场大战，一时难分胜败。孙悟空扔出金箍棒，瞬间化做千条万条，打得玉兔精化做清风逃到南天门。孙悟空紧追不舍，又与之打回地上。玉兔精难敌孙悟空的如意金箍棒，遁入毛颖山。孙悟空再追至山中，找到玉兔精。她无奈只能出洞迎战。正当玉兔精招架不住时，太阴星君和嫦娥仙子赶到，救了玉兔精的性命，将其带回天宫。孙悟空救出了真公主，那国王自然对唐僧师徒千恩万谢，一番盛情款待后，又送上了取经之路。

3.兔子王的传说

　　传说有一年八月，一种怪病在济南蔓延，百姓们痛苦万分，于是大家一起祈求上天保佑。时值八月中秋，在月宫中司职的捣药玉兔闻知下界百姓正受磨难，立刻口衔药饼来到济南，却因没有办法尽快救助全城百姓而焦急万分。正当这时，玉兔听到"潺潺"的流水声，眉头一皱，计上心来。玉兔把药饼分别放在城中的七十二个泉眼里。济南素有"家家泉水，户户垂杨"的美称，老百姓自是家家都饮泉水而生。药溶在泉水中，流遍了整个济南城，百姓们喝了泉水之后，病都好了。从此玉兔衔药饼下凡救人的事也传遍于世。

　　后来，人们为感念玉兔，每逢八月十五月圆的时候，家家户户都把点心做成药饼的样子，供奉一个泥塑的兔子神。日久年深，人们就把药饼叫成了月饼，把兔子神叫成了"兔子王"。

4.兔子的尾巴

　　从前，兔子的眼睛是黑的，耳朵没那么长，嘴也不是三瓣嘴，尾巴却很长。

　　一天，一只狡猾的狐狸和一只兔子一起去城里。走着走着，就被一条大河给拦住了。这条大河又宽又深，它们是过不去的。

这时狐狸看见了一只乌龟，它的眼睛转了一下，似乎想到了什么办法。它拉着兔子的手朝乌龟跑去，到乌龟身边后，狐狸彬彬有礼地说："你能载我们过去吗？如果你载我们过去，我就给你金子。"乌龟想："金子可是个值钱的东西，卖掉能赚不少钱呢！"于是，很干脆地答应了。

　　到了对岸，狐狸和兔子立刻跳下来。它们正要走，乌龟大叫起来："我的金子呢？""哈哈哈……"狐狸大笑道，"谁有那么多钱呀，就算有也不给你，哈哈哈……"气愤的乌龟一口把兔子的长尾巴咬住了，兔子疼得龇牙咧嘴。狐狸见大事不妙，马上跑去帮忙。它拉住兔子的耳朵，使劲拉，费了九牛二虎之力才让兔子"龟口逃生"。可是兔子的尾巴却被咬掉了一大段，耳朵也被拉长了，眼睛哭红了，嘴也疼得裂开了。

　　从此，兔子就成了现在这个样子：长耳朵，红眼睛，短尾巴，三瓣嘴。

5.太行山一带的玉兔传说

　　从前，在太行山上生活着兔子一家，母兔生了一只小兔子，绒毛洁白无瑕，母兔因此给小兔子取名为"玉兔"。长大后的玉兔

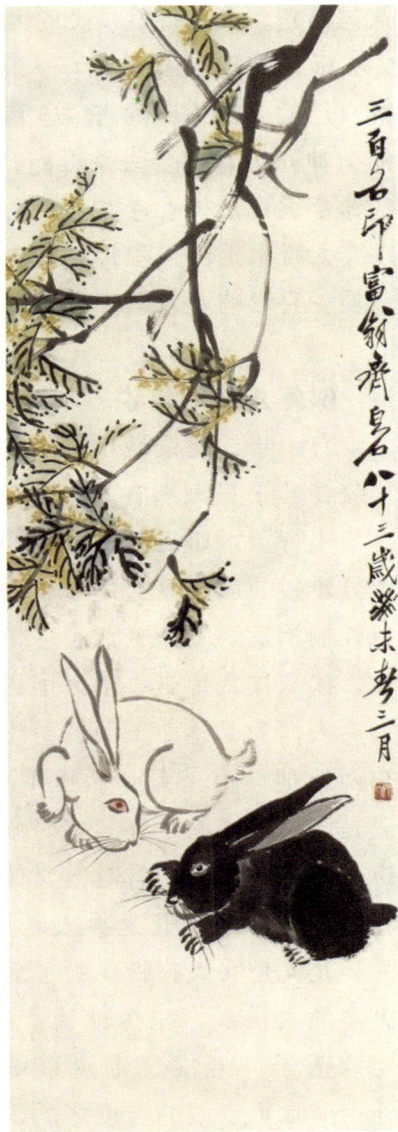

武艺高超，成为行侠仗义的大英雄。

　　话说某日，山下来了一条毒蛇，体格庞大，无恶不作。玉兔决定不惜牺牲自己的生命为民除害。玉兔和一只猫全副武装向毒蛇的洞穴出发。太行山的山神知道它们要去杀毒蛇，禀报了天帝，天帝被玉兔和猫的精神所感动，遂命令火神消灭了毒蛇，并让玉兔和猫升天做了神仙的坐骑。

　　太行山上的美丽传说一直流传至今，这种无私、勇敢、牺牲自我的美好品质一直影响着人们。

6.兔儿爷的传说

　　有一年，北京城里忽然起了瘟疫，几乎每家都有人得，怎么都治不好。嫦娥看到此景，心里十分难过，就派身边的玉兔去为百姓们治病。玉兔变成了一个少女，挨家挨户地走，治好了很多人。人们为了感谢玉兔，纷纷送东西给他。可玉兔什么也不要，只是向别人借衣服穿。有时候打扮得像个卖油的，有时候又像个算命的……一会儿是男人装束，一会儿又是女人打扮。为了能给更多的人治病，玉兔就骑上马、鹿或狮子、老虎，走遍京城内外。消除了京城的瘟疫之后，玉

兔就回月宫了。

为了好心救人的玉兔，人们用泥塑造了玉兔的形象，有骑鹿的，有乘凤的，有披挂着铠甲的，也有身着各种人的衣服的，千姿百态。每到农历八月十五那一天，家家都要供奉玉兔，给他摆上好吃的瓜果菜豆，用来酬谢它给人间带来的吉祥和幸福，还亲切地称它为"兔儿爷""兔奶奶"。

7.龟兔赛跑

很久以前，乌龟与兔子之间发生了争论，它们都说自己跑得比对方快。于是它们决定通过比赛来一决雌雄。确定路线之后它们就开始跑了起来。

兔子一个箭步冲到了前面，并且一路领先。看到乌龟被远远地抛在后面，兔子觉得，自己应该先在树下休息一会儿，然后再继续比赛。

于是，它在树下坐了下来，并且很快睡着了。乌龟慢慢地超过了它，并且完成了整个赛程，无可争辩地当上了冠军。兔子醒过来，发现自己已经输了。

我们从小到大所听到的都是故事的这个版本。如今，有人讲述了这个故事的另一个版本。

兔子因为输掉了比赛而感到失望，它做了一些失利原因的分析。兔子发现，自己失败只是因为过于自信而导致粗心大意、疏于防范。

如果它不那么自以为是，乌龟根本没有获胜的可能。于是兔子向乌龟提出挑战：再比一次。乌龟同意了。

于是在这一次比赛中，兔子全力以赴，毫不停歇地从起点跑到了终点，它把乌龟甩在了几公里之后。

但是，到这里故事还没有结束。这一次，乌龟又动了动脑筋，它意识到，以当前的比赛形式，它是不可能在比赛中胜过兔子的。

它想了一阵子，然后向兔子发出了新的挑战，它要跟兔子再比一次，但是比赛路线会有所不同。

兔子同意了。它们出发后，兔子遵循了原先的策略，坚持以最快的速度飞跑，直到面前出现了一条大河。终点位于河对岸两公里处。

兔子坐了下来，思忖着下一步该怎么办。这时，乌龟赶了上来，它跳进了河里，游到了对岸，并继续向前迈进，最终达到了终点。

其实，故事还有更新的版本。兔子和乌龟成了很要好的朋友，它们决定再比试一次，但是这次，它们两个作为一个团队的成员出现。

它们出发了，这一次兔子扛着乌龟跑到了岸边，然后，相互对调了一下，乌龟驮着兔子游到了对岸。到了对岸之后，兔子又把乌龟扛了起来，最后，两人一齐冲过了终点线。两人都感到了莫大的满足感，比独自获胜还高兴。

七、诗词中的兔

兔罝

《诗经·周南》

肃肃兔罝，椓之丁丁。

赳赳武夫，公侯干城。

肃肃兔罝，施于中逵。

赳赳武夫，公侯好仇。

肃肃兔罝，施于中林。

赳赳武夫，公侯腹心。

兔爰

《诗经·王风》

有兔爰爰，雉离于罗。我生之初，尚无为。

我生之后，逢此百罹。尚寐无吪！

有兔爰爰，雉离于罦。我生之初，尚无造。

我生之后，逢此百忧。尚寐无觉！

有兔爰爰，雉离于罿。我生之初，尚无庸。

我生之后，逢此百凶。尚寐无聪！

木兰诗

《乐府诗集》

唧唧复唧唧,木兰当户织。不闻机杼声,惟闻女叹息。

问女何所思,问女何所忆。女亦无所思,女亦无所忆。

昨夜见军帖,可汗大点兵,军书十二卷,卷卷有爷名。阿爷无大儿,木兰无长兄,愿为市鞍马,从此替爷征。

东市买骏马,西市买鞍鞯,南市买辔头,北市买长鞭。旦辞爷娘去,暮宿黄河边,不闻爷娘唤女声,但闻黄河流水鸣溅溅。旦辞黄河去,暮至黑山头,不闻爷娘唤女声,但闻燕山胡骑鸣啾啾。

万里赴戎机,关山度若飞。朔气传金柝,寒光照铁衣。将军百战死,壮士十年归。

归来见天子,天子坐明堂。策勋十二转,赏赐百千强。可汗问所欲,木兰不用尚书郎;愿驰千里足,送儿还故乡。

爷娘闻女来,出郭相扶将;阿姊闻妹来,当户理红妆;小弟闻姊来,磨刀霍霍向猪羊。

开我东阁门,坐我西阁床。脱我战时袍,著我旧时裳,当窗理云鬓,对镜帖花黄。出门看火伴,火伴皆惊忙;同行十二年,不知木兰是女郎。

雄兔脚扑朔,雌兔眼迷离;双兔傍地走,安能辨我是雄雌?

海昌望月

唐·陈陶

何处无今夕,岂期在海头。贾客不爱月,婵娟闲沧洲。

浩然伤岁华,独望湖边楼。烟岛青历历,蓝田白悠悠。

谁无破镜期,繄我信虚舟?谁无桂枝念,繄我方摧辀?

始见弯环春,又逢团圆秋。莫厌绫扇夕,百年多银钩。

金盘谁雕镌,玉窟难冥搜。重轮运时节,三五不自由。

疑抛云上锅,欲楼天边球。孀居应寒冷,捣药青冥愁。

兔子树下蹲,虾蟆池中游。如何名金波,不共水东流。

天花辟膻腥,野云无边陬。蚌蛤乘大运,含珠相对酬。

夜鹊思南乡,露华清东瓯。百宝安可觑,老龙锁深湫。

究究如情人,盗者即仇雠。海涯上皎洁,九门更清幽。

亭亭劝金尊,夜久喘吴牛。夷俗皆轻掷,北山思今游。

雁声故乡来,客泪堕南洲。平生烟霞志,读书觅封侯。

四海尚白身,岂无故乡羞。壈坎何足叹,壮如水中虬。

猎猎谷底兰,摇摇波上鸥。中途丧资斧,两地生繁忧。

一杯太阴君,鹔鹴岂无求。明日将片叶,三山东南浮。

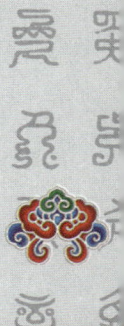

兔

唐·李峤

上蔡应初击,平风远不稀。

目随槐叶长,形逐桂条飞。

汉月澄秋色,梁园映雪辉。

唯当感纯孝,郭郭引兵威。

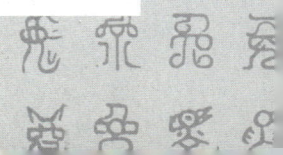

把酒问月

唐·李白

青天有月来几时？我今停杯一问之。

人攀明月不可得，月行却与人相随。

皎如飞镜临丹阙，绿烟灭尽清辉发。

但见宵从海上来，宁知晓向云间没？

白兔捣药秋复春，嫦娥孤栖与谁邻？

今人不见古时月，今月曾经照古人。

古人今人若流水，共看明月皆如此。

唯愿当歌对酒时，月光长照金樽里。

八月十五夜月

唐·杜甫

满目飞明镜，归心折大刀。

转蓬行地远，攀桂仰天高。

水路疑霜雪，林栖见羽毛。

此时瞻白兔，直欲数秋毫。

宫词

唐·王建

新秋白兔大于拳，红耳霜毛趁草眠。

天子不教人射杀，玉鞭遮到马蹄前。

咏死兔

唐·苏颋

兔子死兰弹，持来挂竹竿。

试将明镜照，何异月中看。

兔

宋·梅尧臣

迷踪在尘土，衣褐恋蓬蒿。

有狡谁穷穴，中书惜拔毫。

猎从原上脱，灵向月中逃。

死作功勋戒，良弓合自弢。

白兔

北宋·欧阳修

天冥冥，云朦朦，白兔捣药姮娥宫。

玉关金锁夜不闭，窜入滁山千万重。

滁泉清甘泻大壑，滁草软翠摇轻风。

渴饮泉，困栖草，滁人遇之丰山道。

网罗百计偶得之，千里持为翰林宝。

翰林酬酢委金璧，珠箔花笼玉为食。

朝随孔翠伴，暮缀鸾皇翼。

主人邀客骋笔下，京洛风埃不沾席。

群诗名貌极豪纵，尔兔有意果谁识？

天资洁白己为累，物性拘囚尽无益。

上林荣落几时休，回首峰峦断消息。

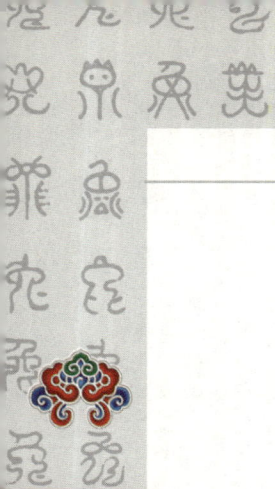

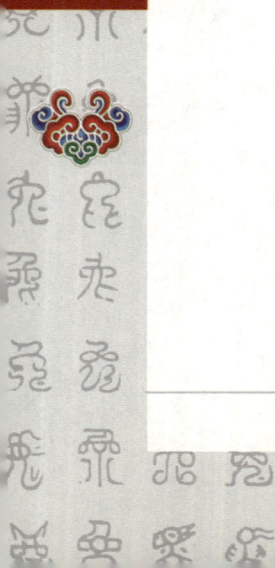

思白兔杂言戏答公仪忆鹤之作

北宋·欧阳修

君家白鹤白雪毛，我家白兔白玉毫。

谁将赠两翁，谓此二物皎洁胜琼瑶。

已怜野性易驯扰，复爱仙格何孤高。

玉兔四蹄不解舞，不如双鹤能清噭。

低垂两翅趁节拍，婆娑弄影夸娇饶。

两翁念此二物者，久不见之心甚劳。

京师少年殊好尚，意气横出争雄豪。

清樽美酒不辄饮，千金争买红颜韶。

莫令少年闻我语，笑我乖僻遭讥嘲。

或被偷开两家笼，纵此二物令逍遥。

兔奔沧海却入明月窟，鹤飞玉山千仞直上青松巢。

索然两衰翁，何以慰无憀？

纤腰绿鬓既非老者事，玉山沧海一去何由招？

信都公家白兔

北宋·王安石

水精为宫玉为田，

姮娥缟衣洗朱铅。

宫中老兔非日浴，

天使洁白宜婵娟。

古诗咏欧阳永叔家白兔

北宋·刘敞

飞若白鹭，众不足珍。

走若白马，近而易驯。

古来希世绝远始为宝，白玉之白无缁磷。

乃知白兔与玉比，道与之貌天与神。

赋永叔家白兔

北宋·韩维

天公团白雪，戏作毛物形。

太阴来照之，精魄孕厥灵。

走弄朝日光，赩然丹两睛。

题画兔

南宋·陈与义

碎身鹰犬惭何忍，

埋骨诗书事亦微。

霜露深林可终岁，

雌雄暖日莫忘机。

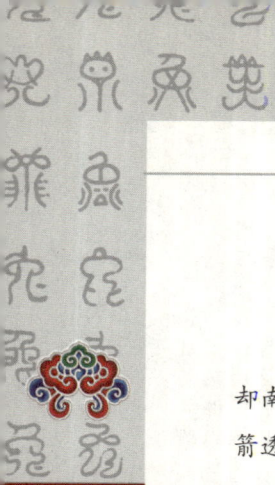

兔之书

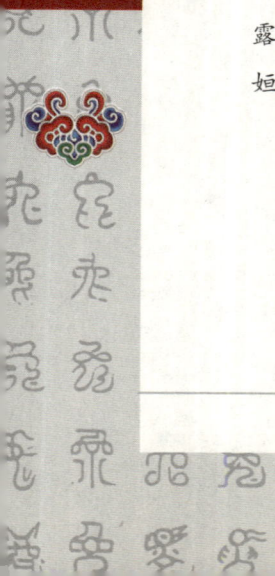

真珠帘
南宋·陈楠

金丹大药人人有。要须是、心传口授。一片白龙肝，一盏醍醐酒。只为离无寻坎有。移却南宸回北斗。好笑。见金翁姹女，两个厮斗。些儿铅汞调匀，观汉月海潮，抽添火候。一箭透三关，方表神仙手。兔子方来乌处住，龟儿便把蛇吞了。知否。那两个钟吕，是吾师友。

玩丹砂 赠宁海于瓦罐
元·马钰

水狗喷烟罩玉轩。火牛入海种芝田。白莲花朵间青莲。碧眼胡僧眉拂地，霜毛兔子角冲天。如来圆相本来圆。

白兔
明·谢承举

夜月丝千缕，秋风雪一团。
神游苍玉阙，身在烂银盘。
露下仙芝湿，香生月桂寒。
姮娥如可问，欲乞万年丹。

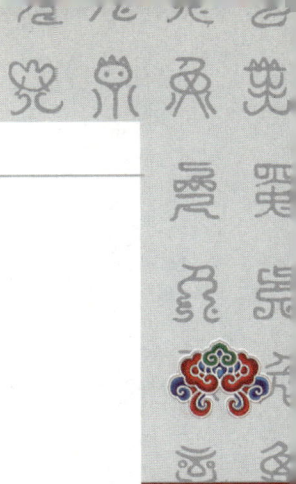

八、与兔有关的儿歌

十只兔子

大兔子病了，二兔子瞧，三兔子买药，四兔子熬，五兔子死了，六兔子抬，七兔子挖坑，八兔子埋，九兔子坐在地上哭起来，十兔子问他为什么哭？九兔子说，五兔子一去不回来！

小兔子乖乖

小兔子乖乖，把门儿开开，快点儿开开，我要进来。不开不开我不开，妈妈没回来，谁来也不开。小兔子乖乖，把门儿开开，快点儿开开，我要进来。就开就开我就开，妈妈回来了，这就把门开。

小白兔白又白

小白兔白又白，两只耳朵竖起来，爱吃萝卜爱吃菜，蹦蹦跳跳真可爱。

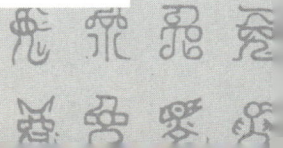

小兔

小兔小兔，竖起两只耳朵，
小兔小兔，短短尾巴毛茸茸，
小兔小兔，跳来跳去走路，
小兔小兔，爱吃青菜萝卜。

小兔子相貌好

红眼睛，白皮袄，小兔子，相貌好，后脚长又大，前脚短又小，走起路来，一跳又一跳。

老虎和灰兔

坡上有只大老虎，坡下有只小灰兔；老虎饿肚肚，想吃灰兔兔，虎追兔，兔躲虎，老虎满坡找灰兔；兔钻窝，虎扑兔，刺儿扎痛虎屁股。

气坏了老虎，乐坏了兔；饿虎肚里咕咕咕，窝里笑坏了小灰兔。

九、开心兔子

1.几只兔子

老师：如果我给你两只兔子，比利给你两只兔子，玛丽给你两只兔子，最后你一共有几只兔子？

汤姆：七只。

老师：不对，再一次，这次听清楚了，我给了你两只兔子，比利给了你两只兔子，玛丽给了你两只兔子，最后你一共有几只兔子？

汤姆：七只。

老师：还是不对，那我换一种问法，我给了你两只鸽子，比利给了你两只鸽子，玛丽给了你两只鸽子，最后你一共有几只鸽子？

汤姆：六只。

老师：很好！现在我们再回到刚才那道题。如果我给你两只兔子，比利给你两只兔子，玛丽给你两只兔子，最后你一共有几只兔子？

汤姆：七只。

老师：你到底怎么搞的？兔子和鸽子不是一样吗？

汤姆：不一样，我家里已经有一只兔子了。

2.执著的兔子

一天，一只小白兔来到一家商店问老板："老板，有胡萝卜吗？"老板摇摇头："没有。"小白兔听完就"嗖"地跑了。

第二天，小白兔又来到这家商店问："老板，有胡萝卜吗？"老板生气地摇摇头："没有。"小白兔听完就"嗖"地跑了。

第三天，小白兔又来到这家商店问："老板，有胡萝卜吗？"老板愤怒地大喊："没有没有！再问我就用钳子把你的牙齿拔掉！"小白兔听完就"嗖"地跑了。

第四天，小白兔又来到这家商店，怯生生地问："老板，有钳子吗？"老板说："没有。"小白兔于是问："有胡萝卜吗？"老板愤怒了，捉住小白兔，拿出一把小锤子，把它的牙齿全都敲掉了。

第五天，小白兔又来到这家商店，含糊不清地问："老板，有胡萝卜汁吗？"

3.狗熊和兔子

一只狗熊在树林里大便，过来一只兔子，他问兔子："掉毛吗？"兔子想了想说："不掉毛！"狗熊抽了口烟，又问："掉毛吗？"兔子看了眼狗熊说："不掉毛！"狗熊用怀疑的眼光看了一眼兔子，又问："真的不掉毛？"兔子不耐烦地吼道："说不掉毛就是不掉毛！"话音未落，狗熊一把抓起兔子说："抱歉，忘带纸了……"

4.长颈鹿和兔子

长颈鹿说："小兔子，真希望你能知道有一个长脖子是多么好。无论什么好吃的东西，我吃的时候都会慢慢地通过我的长脖子，那美味可以长时间的享受。"

兔子毫无表情地看着它。

"并且，在夏天，那凉水慢慢地流过我的长脖子，是那么的可口。有个长脖子真是太好了！兔子，你能想象吗？"

兔子慢悠悠地说："你吐过吗？"

5.买面包的小白兔

小白兔蹦蹦跳跳到面包房，问："老板，你们有没有一百个小面包啊？"

老板："啊，真抱歉，没有那么多。"

"这样啊。"小白兔垂头丧气地走了。

第二天，小白兔蹦蹦跳跳到面包房："老板，有没有一百个小面包啊？"

老板："对不起，还是没有啊。"

"这样啊。"

小白兔又垂头丧气地走了。

第三天，小白兔蹦蹦跳跳到面包房。"老板，有没有一百个小面包啊？"

老板高兴地说："有了，有了，今天我们有一百个小面包了！"

小白兔掏出钱："太好了，我买两个！"

6.越狱的兔子

两只兔子被关进牢房，有一次，好不容易从牢房逃了出来。但出了门还要翻过100道墙，才能到达公路。他们一起翻了60道墙，公兔问母兔："老婆，你累不累？"母兔回答说不累。公兔就说："那好，不累我们接着翻。"当翻到第99道墙的时候，公兔又问母兔："老婆，你累不累？"母兔回答道："我累啦！我们回去吧！"于是他们又翻回去了。

兔年赏兔

一、绘画中的兔

玉兔为明月之灵，象征着吉祥如意，中国历代文人墨客特别是历朝历代的画家们，更是对其情有独钟。由此，成就了不少以画兔扬名的丹青妙手。五代的刁光胤、黄筌，宋代的崔白，明代的陶成、陈遵、徐霖等人，还有清代的宋眘、冷枚，以及当代的众多画家，都将玉兔绘入丹青，展现在世人面前。

◎崔白　中国北宋画家。字子西，濠梁(今安徽省凤阳县)人。生卒年不详。仁宗时已享盛名，神宗熙宁（1068 年～1077 年）初，受诏与艾宣、丁贶、葛守昌等同画垂拱殿屏风，崔白画艺高众人之上，受到神宗皇帝的特别欣赏，补为图画院艺学，元丰年间（1078 年～1085 年）升为待诏。崔白善画花竹翎毛，亦工佛道壁画。英宗治平二年（1065 年），由于汴河水涨，相国寺壁画坍毁，崔白与另一名手李元济参加了壁画修复与绘制，他在相国寺东廊画炽盛光佛十一曜坐神等，受到当时人们的称赞。据《宣和画谱》著录，他还画过《惠庄观鱼图》《谢安东山图》《子猷访戴图》《襄阳早行图》《贺知章游鉴湖图》等名士题材的人物画。

北宋承五代之后，花鸟画呈现出繁荣局面，宋初宫廷花鸟画以黄筌的工致富丽的花鸟体制为标准，评定艺术高下，延续达 100 年之久。崔白进入画

北宋　崔白《双喜图》，绢本设色，193.7cm × 103.4cm，台北故宫博物馆藏

北宋　崔白《秋兔图》，张大千
藏，堪称是难得一见的珍宝

院后以更为生动自然的花鸟画，打破了黄家画派对宫廷花鸟画的垄断局面，使画风发生明显的变化。

现存崔白《双喜图》是其重要传世作品，藏于台北故宫博物院。图写秋风萧瑟的山野中，两只山喜鹊向树下的野兔喧叫的场景。山喜鹊的躁动与野兔的泰然自若动静相生，营造了一种不安的气氛，此与黄筌一路画风常见的阶柳庭花、闲情逸致可谓相去甚远。鹊与鹊、鹊与兔以及鹊兔与周围景物都不是孤立的存在，而是情景交融地浑然一体。此情此景若无精妙的构思以及长期的野外写生体验，想来是难以描绘的。在表现技法上，改图巧妙地将工致谨严与粗放大胆的笔趣融为一体，工写兼备。山喜鹊以工笔双钩填彩完成。兔子的皮毛则用纤细的笔线，笔笔描出，历历可数，深处稍加晕染，力求写实如生。竹、草、树叶也以双钩填彩为主，轮廓线略有顿挫，荆棘以没骨法染画而成。树枝同样刻画得精致入微，但用笔要率意得多，笔触也较为粗犷，以此更加衬托出鸟、兔的灵动。

◎冷枚　清代宫廷画家，生卒年不详，生活于公元十七世纪后期至十八世纪前期，字吉臣，号金门画史，字吉臣，号金门画史，山东胶州(今山东胶县)人。冷枚经历了清康熙、雍正、乾隆三朝，曾经跟随康熙时宫廷画家焦秉贞学画。擅长画人物、仕女及山水，画风工整、细致，色彩较浓丽，具有装饰性。传世作品有《避暑山庄图》《九思图》《麻姑献寿图》《宫苑仕女图》。

冷枚的《梧桐双兔图》中绘梧桐二株，石缝中斜出一株桂花，野菊满地，柔草丛中，两只白兔相戏，似为中秋佳节而作。双兔造型准确，形象生动逼真，皮毛光洁而富于质感。兔眼用白色点出反光，眼神显得晶莹透明。

清康熙年间，随着西洋画家的大量涌入，宫廷画家受西洋画的影响颇多。冷枚的《梧桐双兔图》景物细腻逼真，构图疏密有致，色彩和谐宁静，具有光影的效果和体积感，是受西画影响的中国画作品。

清代 冷枚《梧桐双兔图》，
绢本设色，176.2cm×95cm，
北京故宫博物院藏

清代　沈铨《雪中游兔图》，绢本
淡设色，230.5cm × 131.7cm，日
本泉屋博古馆藏

兔
之
书

兔年赏兔

清代　华嵒《海棠禽兔图》,纸本设色,135.2 cm×62.5 cm,北京故宫博物院藏

◎**齐白石** （1864年~1957年），湖南湘潭人，中国20世纪著名画家和书法篆刻家。齐白石从学艺之始就特别注意观察生活，摹写自然界的动物虫鱼。代表善良的兔子也是大师生平喜爱的动物，他曾饲养数只黑白兔子，观察它们的生活习性，揣摩它们的形象动作，创作出了一系列神情姿态逼真传神的兔画，引得求画兔者接踵而来。传说，齐白石十分看重自己画的兔子，除非知己或重金所求，一般不轻易为人画兔。因此，长期以来齐白石绘的兔画，一直是艺术界推崇的艺术瑰宝。

《双兔》是齐白石为其四子齐良迟所制示范之作。虽自谓画稿，却颇具匠心。整幅作品构图简约，墨、色单纯，毫不复杂。画中白兔俯身闻嗅，动态十足。兔身先以澹墨钩出，再敷以铅白，整体造型准确，白色的兔身与红眼、黑爪视觉效果对比强烈。黑兔相间而卧，憨态可掬。与白兔的描绘方式不同，黑兔纯以水墨画出，笔痕明显，墨色变化丰富，充分表现了兔毛的质感和身体各部分的结构关系。

齐白石《双兔图》

白石老人题款："此二兔，墨者佳，白者次之"，这并非说白兔画得不好。铅白不同水墨，深浅浓淡不易表现，绘出的物象不免单薄，因此要以强调颜色对比来突出主题。而黑兔所试者非强烈浓艳的对比，追求的在于墨色细腻微妙的变化。齐白石在一幅画中以两种不同的造型方式为其子示范，使其更直观地体会到白石老人所追求的艺术效果，可见其良苦用心。

齐白石《拜月图》，1939年作，水墨纸本，镜片，31.5cm×31.5cm

眼似樱桃腹似栗一颖而耳自相齐那然分黑白难而算惜去无能益少雅白石山翁作画妙在不似且又不似任非由有亲此图大真可爱足论斯赞启功题

启功题款之齐白石《黑白双兔图》

兔之书

一〇四

吴昌硕《狡兔似猿》，水墨纸本，
95 cm×34 cm

刘继卣《玉兔图》，纸本设色，
65cm×33.5cm

瑞硯堂京辰
士圆而辉孚
露涧
簪苦
苦衬裏
莳月括燕亲之枫抹
俞継卣墨

刘継卣《双兔图》

刘继卣《兔子》，纸本，44cm×68cm

◎ **刘继卣** （1918 年～1983 年），天津市人，杰出的中国画家、新中国连环画之奠基人、连环画界的泰山北斗、连坛第一人。刘继卣为天津"八大家"之一的"土城刘家"后裔；人物、动物、花鸟等，工写兼长。刘先生秉承家学（其父刘奎龄，以擅长画鸟兽而闻名于中国画坛），在描绘连环画中所出现的鸟兽，可谓得心应手，技高一筹。刘先生通过对动物骨骼结构、肌理驰懈、皮毛、班纹等内外形本及生理特征的描绘，展现在人们面前的鸟兽，不仅形神兼备栩栩如生，还赋予鲜明的性格，他笔下的动物不仅是现实生活中真实动物的写照，还经过画家的艺术再创造，赋予了思想感情的拟人化动物形象。

◎ **韩美林** 1936 年生，山东济南人，中国作家协会专业画家，擅长绘画陶瓷艺术。曾设计 1983 年《猪票》、1985 年《熊猫》等邮票及一系列最佳邮票评选纪念张。中国美术家协会韩美林工作室，是全国第一家以艺术家个人名字命名的工作室，也是中国美协至今唯一一家由美术家领衔的工作室。韩美林先生也是北京申奥标志的设计者之一，北京奥运会吉祥物福娃的修改创作组组长。

十几年来，韩美林先生几乎每年都要推出生肖画作的挂历。这些生肖画的造型完全是独树一帜"美林风格"，既容东西方艺术手法于一炉，又运用民族性的色彩，颇具中国风，生动传神，非常耐看，受到不少人追捧。直爽的韩美林先生毫不掩饰自己对中国传统文化的热爱，他说："我的作品，就是吸收了几千年中华民族、民间的营养，其实只有越民族的东西才能越世界化。"

2011 辛卯年到来之际，韩美林先生不负众望，抱病设计出了喜气洋洋的兔年挂历。他笔下的兔子形象可谓生动可爱、喜气洋洋，充满童真。兔子的造型基本由优雅适度的曲线和淡雅的色彩构成。立在画面中的兔子是一个小生灵，

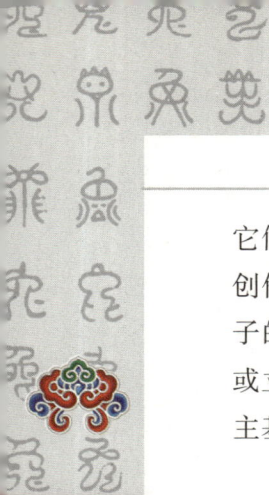

它们是充满生命力的，亦会给人们带来欢乐。简练的线条是韩美林先生在艺术创作中最大的特色之一，是其艺术创作中不可或缺的重要元素。寥寥数笔，兔子的形象应运而生；稍稍晕染，兔子的形象焕然一新。兔子的形象不拘一格，或立或坐或仰或卧，憨态可掬、天真烂漫、机灵可爱。兔子色彩以淡雅清新为主基调，同时辅以彩墨简单晕染，塑造出了富有生命力且乖巧的形象。

韩美林为迎接辛卯新年创作的兔年挂历作品中的一幅

兔年赏兔

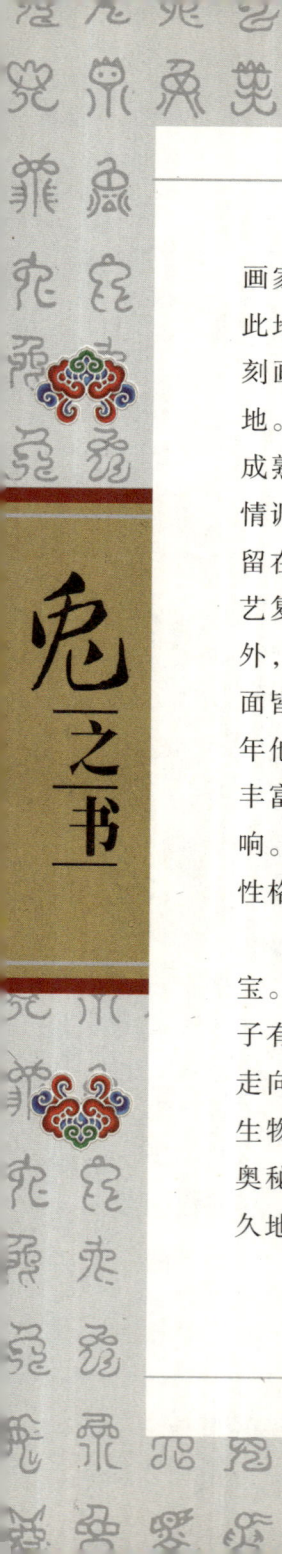

◎ **阿尔布雷特·丢勒** （1471年~1528年），德国文艺复兴时代画家、版画家。丢勒的祖籍为匈牙利，父亲以精于金银细工来德国纽伦堡定居，当时此地已是工商业中心。丢勒幼年从父习艺，除金银细工外兼学绘画，后拜木刻画家沃尔格穆特为师，1490年到1494年期间出师游学德国南部及瑞士各地。1495年游意大利威尼斯，学习了威尼斯画派的先进艺术，个人风格趋于成熟。1498年作《启示录》插图15幅，木刻版画，构图严密，线条有力，情调激烈，开始著名于画坛。1505年到1507年第二次意大利旅行期间主要居留在威尼斯，和贝利尼等大师结识，友谊甚笃，充分学习和吸收了意大利文艺复兴美术的技艺与理论，在德国画家中最为博学多才。丢勒回国后除绘画外，还积极进行人文主义学术活动，在数学、透视、军事建筑、绘画理论方面皆有研究著述。德国宗教改革运动发生后，丢勒表示支持。1520年到1521年他又游学尼德兰各地，进一步丰富了自己的艺术体验。丢勒一生创作甚为丰富，版画油画皆达当时最高水平，对德国及西欧各国16世纪美术有很大影响。恩格斯曾把丢勒和意大利的达·芬奇并提，称之为"在思维能力、热情和性格方面，在多才多艺和学识渊博方面的巨人"。

《野兔》是丢勒的代表作品，1976年被奥地利获得，并一直被视为国宝。从这幅画作中我们可以发现，兔子的每一根绒毛都能够数清，每一根胡子有几根好象都是经过了严格的计算，还有那眉毛也是如此，耳朵上根毛的走向有条不紊，随着体积的起伏而改变着生长的方向。丢勒是在用一种近乎生物学家的科学的思维和态度在研究和探索兔子这一生命现象所具有的一切奥秘。也就是在他这种探索和研究的目的达到时，艺术的美也同样被丢勒永久地记录和再现于画面上。

阿尔布雷特·丢勒的代表作品《野兔》

李正平《祥和图》

李正平《瑞祥图》

兔之书

程十发《兔年涉趣》

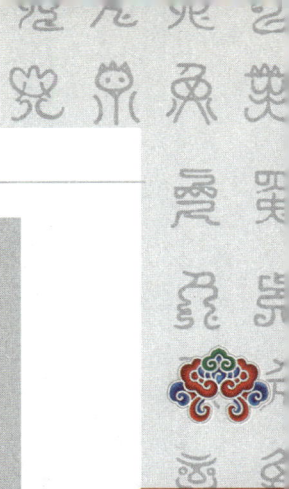

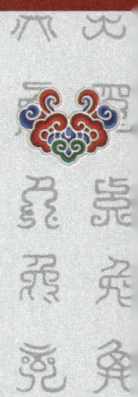

胡翹然《兔年吉祥》

俞致贞《花鸟玉兔》

德润《双兔图》

唐云 1939年作《花阴玉兔》

兔年赏兔

谢海燕《蕉花群兎》

一二〇

赵少昂 1982 年作《玉兔图》

紫菊桃竹木花莘宜陽春家業
惣雙印香風何美人 林瑞之氏跋竿室

赵叔孺《双兔》

徐悲鸿《虎与兔》

陆抑非、邹梦禅，1943 年作《双兔》扇面

二、文物中的兔

◎ 商代妇好墓中的玉兔

妇好墓是 1928 年以来殷墟宫殿宗庙区最重要的考古发现之一，也是殷墟科学发掘以来发现的、唯一保存完整的商代王室成员墓葬。妇好是商王武丁 60 多位妻子中的一位，生活于公元前 12 世纪前半叶武丁重整商王朝时期，是我国最早的女政治家和军事家。据甲骨卜辞记载，妇好曾多次主持各种类型和名目的祭祀和占卜活动，利用神权为商王朝统治服务。此外，妇好还多次受武丁派遣带兵打仗，北讨土

玉兔, 商代晚期, 长 10cm, 高 5.8cm, 厚 0.5cm, 1976 年妇好墓出土

方族，东南攻伐夷国，西南打败巴军，为商王朝拓展疆土立下了汗马功劳。武丁对她十分宠爱，授予她独立的封邑，并经常向鬼神祈祷她健康长寿。然而，妇好还是先于武丁辞世。武丁十分痛心，把她葬在今河南安阳小屯村西北约 100 米处。

妇好墓在 1976 年发掘于河南省安阳市小屯村西北，保存完好。其中所出玉器共 755 件，是商代玉器出土最多、最集中的墓。妇好墓所出的玉器可分

为礼器、用具、装饰品、艺术品等，装饰品大部分雕成动物形，造型生动，雕刻精湛，展示了当时较高的制玉水平。妇好墓中的玉兔呈黄褐色，扁平体，作一奔兔之形。首略昂，双圈大眼，张口露舌，鼻翼系刻出，长耳后竖，肥躯翘尾，足前屈，爪、趾毕露。前足处钻一孔，可用于穿系佩挂。玉兔始见于殷商，商周时较为流行。

◎ 西周青铜兔尊

这件西周青铜兔尊于 1992 年在山西省临汾市曲沃县北赵村出土。该器出于晋侯墓地 8 号墓。兔尊造型独特，形象生动逼真，是晋国青铜文化的代表作。兔作爬伏状，前肢点地，后腿弯曲，犹如跳跃之前一瞬间的情态，生动地表现了兔子胆怯而又机警的特点。兔腹中空，背上开有圆角长方形口，并覆以与兔身浑然一体的盖，盖上有扁圆形钮。兔

西周青铜兔尊，高 20.1cm，长 35.8cm

身两侧饰圆形的火纹、四目相间的雷纹和勾连雷纹。这件兔尊造型生动、形象逼真；器表的斑驳锈色，绿褐相间，更见岁月沧桑。以兔作为尊的器形，在青铜器中尚属首见。

◎马王堆汉墓帛画中的玉兔

1974年，举世轰动的马王堆汉墓中出土了一幅繁丽精美的帛画，其上画有月宫，弯弯的月亮上，一只肥大的蟾蜍旁伴随一只轻盈的兔子。兔子与月亮的神话在中国出现很早，但这幅画上出现月兔，说明秦汉时已经有类似的传说故事了。

1974年马王堆Ⅲ号墓出土的《西汉帛画》

十二生肖俑中的兔俑

◎唐代墓葬中的兔俑

2010年2月，陕西省考古研究院在西安咸阳国际机场二期工程一个唐代大型墓葬的考古发掘过程中发现大量罕见文物，成组的十二生肖俑在全国也属首次发现。十二生肖俑均为人身，为泥质红陶模制，最为难得的是，每个生肖均刻画得非常拟人，将人的神态刻画在兔、狗、蛇等动物的面孔上。其中一件兔头人，身着袍服大带，双手拱立，俨然一位高官，观之令人哑然失笑。

◎ 圆明园兔首

圆明园，承载了中国人太多悲情和感伤的地方。2009 年初春，因来自圆明园内的两件文物（圆明园兔首、鼠首）在异国被拍卖，圆明园再度成为国内舆论关注的焦点。

2009 年 2 月 23 日，法国佳士得拍卖公司不顾中国政府反对，强行拍卖来自圆明园的兔首和鼠首铜像。拍卖当天，以总计 28372 万元人民币的价格拍得两尊兽首的中华抢救流失海外文物专项基金收藏顾问蔡铭超称不会付款。

中国是世界文物流失最严重的国家之一，许多文物被西方博物馆和私人收藏。巴黎卢浮宫等欧美 18 家博物馆多年前曾发表声明，拒绝将收藏的他国文物归还给原属国。

据了解，现阶段我国的文物回流形式大致分为依法索回、国家购买、民间购买和捐赠。圆明园牛首、猴首与虎首是 2000 年保利集团花费近 3000 万港元拍回的；猪首和马首是澳门爱国人士何鸿燊于 2003 年和 2007 年，斥资买回捐献国家的。

中国政府有关部门也多次运用法律和外交手段，在国际公约的机制框架下，先后从英国、美国等地成功索回中国文物 3000 余件。

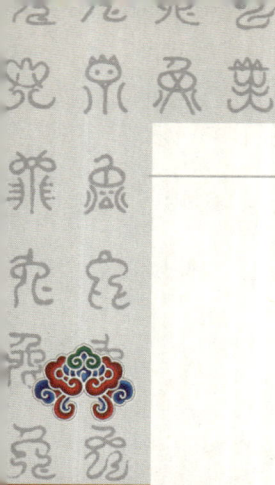

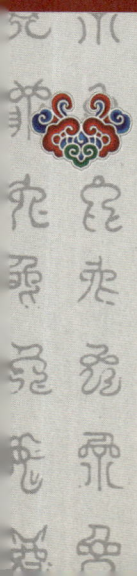

三、民俗中的兔

　　我国养兔的历史较早，三千多年以前的殷商时代，甲骨文中已有了"兔"字的踪影；至于以野兔为狩猎对象，则在若干万年以前的原始社会就已开始。人类与兔的这种密切关系，也促发了有关兔的一些岁时风俗的形成，并使之有了名列十二生肖之中的荣耀。前文曾提到，农历每年的正月初一，古代汉族有"挂兔头"的岁时风俗以镇邪禳灾。而中秋节的各种流传至今的民俗更是多与月与兔有关。

　　中秋节又名"仲秋节""团圆节""八月节""女儿节"等等，与春节、端午节共同构成我国民间的三大节日，时在农历八月十五。中秋节来源于周代秋分祭月的习俗，至北宋时始定为八月十五日。宋吴自牧《梦粱录》卷四："八月十五日中秋节，此日三秋恰半，故谓之中秋。此夜月色倍明于常时，又谓之月夕。"每逢中秋之夜，富家巨室与王孙公子，或登高楼赏月，或酌酒高歌，竟夕不眠。一般人家也团圆子女，安排家宴，而"玩月游人，婆娑于市，至晓不绝"。可见此节在古代的热闹景象。赏月而外，最隆重的是祭月的风俗，当然这只是女子的事情，旧时京谚

玉兔捣药铜镜

即有"男不拜月，女不祭灶"之说。祭月的方式全国各地并不相同。月神，民间或称"太阴星主""月姑"或"月宫姑娘"。江苏吴县一带的祭月只是向空中遥拜，广东有些地方则向一装饰华丽的偶像加以拜祭，北方以北京、天津一带为代表，于中秋节有张挂木版印刷的"月光纸"或设"月光马子"祭拜的习俗。月光纸或月光马子都有玉兔的形象，从而使中秋节与兔自然而然地产生了联系。明代刘侗、于奕正著《帝京景物略》卷二"春场"云："八月十五日祭月，其祭果饼必圆；分瓜必牙错瓣刻之，如莲华。纸肆市月光纸，缋满月像，趺坐莲华者，月光遍照菩萨也。华下月轮桂殿，有兔杵而人立，捣药臼中。纸小者三寸，大者丈，致工者金碧缤纷。家设月光位，于月所出方，向月供而拜，则焚月光纸，撤所供，散家之人必遍。月饼月果，戚属馈相报，饼有径二尺者。女归宁，是日必返其夫家，曰团圆节也。从中可见明代北京祭月风俗的隆重，捣药的玉兔像人一样立着操作，与所谓月光遍照菩萨同作为月神受人拜祭。

◎ 兔儿爷

关于兔儿爷，在《燕京岁时记》中载："每届中秋，市人之巧者，用黄土抟成蟾兔之像以出售，谓之兔儿爷。"

兔儿爷是旧北京中秋应节应令的儿童玩具。人们按照月宫里有嫦娥玉兔的说法，把玉兔进一步艺术化、人格化乃至神化，之后，用泥巴塑造成各种不同形式的兔儿爷。说起兔儿爷，别看它个头不大（大的约 1 米，小的不足 3 厘

米），样子可神气了：衣冠毕具，执药杵，或披甲胄，或衣红袍。又有骑黑虎的、骑黄虎的、骑鹿的、骑麒麟的、带莲花座的、带云气纹的，还有背插靠旗的、头顶伞盖的，各式各样，不胜枚举。兔儿爷的造型注重衣着的华丽和面目五官的神情，通常二目直视，三瓣嘴紧闭，脸蛋上略施淡淡的胭脂，俊秀中含威武，端庄中有稚气，非常惹人喜爱。

现如今，兔儿爷的境况可大不如从前了，除了在春节期间的庙会上，我们还可以见到兔儿爷的身影外，其余的时候，它可就是神龙见首不见尾喽！远了咱不提，其实就在20世纪50年代初，北京的兔儿爷还很多见呢，尤其是中秋节前，街巷到处都设有"兔儿爷摊子"。即使在日寇侵华期间，兔儿爷依然盛行。老舍先生在长篇小说《四世同堂》中就描写了当时兔儿爷的特色，说那兔儿爷"脸蛋上没有胭脂，而只在小三瓣嘴上画了一条细线，红的，上了油；两个细长白耳朵上淡淡地描着点浅红；这样，小兔的脸上就带出一种英俊的样子，倒好像是兔儿中的黄天霸似的。它的上身穿着朱红的袍，从腰以下是翠绿的叶与粉红的花，每一个叶折与花瓣都精心地染上鲜明而匀调的彩色，使绿叶红花都闪闪欲动。"

那么兔儿爷究竟是怎么产生的呢？兔儿爷的产生，其实是源于人们对月神的崇拜和对神话的认同。在民间，老百姓都遵守着"男不祭月，女不祭灶"的俗约，所以，祭月多由妇女承当。通常总是跟在母亲身边的小孩子非常喜欢模仿大人的行为，因此产生了专供儿童祭月用的造像：兔儿爷。

北京的兔儿爷家喻户晓，因此还派生出许多与兔儿爷有关的俗语和歇后语，如"兔儿爷的旗子——单挑"，这是因为兔儿爷的靠旗只有一边；还有"隔年的兔儿爷——老陈人儿"，因为兔儿爷是泥制的，很少能保存到第二年，如果见到去年做的兔儿爷，那可就属于老兔儿爷了。

旧时北京东四牌楼一带常有卖兔儿爷的摊子，专售中秋祭月用的兔儿爷。

此外，南纸店、香烛店也有出售兔儿爷的。六十多岁的老北京大都记得，一过七月十五，街头的兔儿爷摊子就摆出来了。前门五牌楼、后门鼓楼前、西单、东四等处，到处都是兔儿爷摊子，大大小小，高高低低，极为热闹。

爷，是封建时代对高贵人的尊称，进而引申到对神的尊称。玉兔不是凡间的家畜，也不是野兔，而是广寒宫里的神兔，不能随便捉来玩耍。想要兔儿，只有"请"一尊泥塑的被称为"爷"的"兔儿"恭而敬之地"供"起来。

兔年赏兔

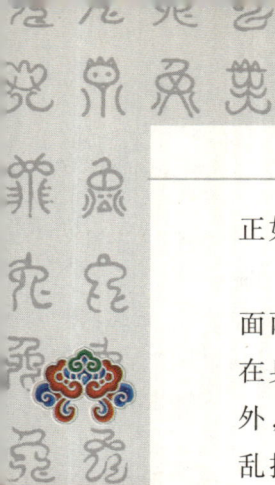

正如清人方元鹍《都门杂咏》所写："儿女先时争礼拜，担边买得兔儿爷。"

兔儿爷是用模子翻塑出来的，先把黏土和纸浆拌匀，填入分成正面和背面两个半身的模子里，等干燥后倒出来，把前后两片粘在一起，配上耳朵，在身上刷层胶水，再上色描金。兔儿爷左手托臼，右手执杵，做捣药状。此外，还有呱嗒嘴的兔儿爷，其制空腔，活安上唇，中系以线，扯之，则兔唇乱捣。总之，种类繁多，不一而足。旧北京，有以此为业者，每进旧历八月，便设摊于街头，适成节日应景。

清代诗人栎翁《燕台新咏》曾写"兔儿节"一诗："团圆佳节庆家家，笑语中庭荐果瓜。药窃羿妻偏称寡，金涂狡兔竟呼爷。秋风月窟营天上，凉夜蟾光映水涯。惯与儿童为戏具，印泥糊纸又搏沙。"

◎ 射木兔和食兔肝

俗语说"千里不同风，百里不同俗"，风俗因地而异，因民族而异。我国疆域广阔，民族众多，因此，同样是兔子，却有完全迥异的习俗。

一千年前，契丹人以游牧为生，对兔子一类小动物既不以为奇，也不作为神物崇拜，只是一种狩猎对象而已。从这点出发，他们产生了和兔子有关的娱乐和饮食习俗。这些习俗不仅别有风趣，而且具有浓郁的北方特点。

与江南三月三出郊踏青、举行歌会不同，北方则以它自己的特点，举行骑射活动。每年这天，契丹人要举行一种射木兔的游戏，也是比赛箭术的一次例会。比赛者将一木雕的兔子放在选定的地方，参加者分为两组。骑马较射，以射中木兔为胜。有趣的是败组必需给胜组跪进酒浆，表示祝贺和尊敬；而胜者不需下马，仍然骑在马上，接过酒盅，一饮而光。因为兔子前脚小而短，后脚大而长，奔跑迅捷，出没无常，所以只有高明的射手才能射中。这种象征性的射兔活动，也许是在游戏中寄托人们对今年狩猎丰收的某种祝愿。

每年重阳节，契丹人还有食兔肝的饮食习俗。该日，辽统治者先率领臣属部族举行射虎活动，规定射中少者要罚重九宴，这大概也是对骑射的鼓励和考查。射毕，选择高地，立起帐幕，给蕃汉臣僚饮菊花酒；同时，把兔肝切成片，拌以鹿舌酱食之。兔肉鲜嫩，并富有营养，兔肝更是美味可口。辽族人民当然不会忘记这一美肴的。

◎ 渭南民俗"细狗撵兔"

"细狗撵兔"是一种古老的狩猎形式，在陕西关中地区的群众中流传已久。蒲城县志中有两处关于唐代皇室狩猎活动最早的记载："唐代，高祖武德六年十一月丁酉，高祖李渊猎于伏龙原（今蒲城县城南 17 公里）。""太宗十四年闰十月甲辰，太宗李世民猎于尧山。"可以想象当年皇家狩猎时的恢弘场面，成千上万的士兵将大片的荒野或者田地围起来，皇帝在众臣的簇拥下，在猎犬的引领下，在原野上纵横驰骋。每到狩猎结束，猎到大量的野兔、黄羊、麂子等，在自己享用的同时，皇帝更多的是把猎物当做犒赏分发给军士或者附近的百姓。这种皇家狩猎形式，后来逐渐在民间普及开来。

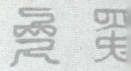

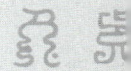

细狗原籍古埃及，其形象最早可考的就是金字塔壁画上的狩猎场面。大约在西汉时传入我国，继而从皇家御用狩猎犬渐渐传入民间。细狗的特点是速度快、凶猛善咬，但转弯能力差，不适用于山地水乡，所以只有北方平原地区才有，陕西也只在关中的东部及中部等地才有，在渭北一带农村几乎村村养有细狗。

　　在我国唐代和汉代的古墓壁画上，有不少关于狩猎的图案，这其中就有细狗的身影。还有一些热心细狗撵兔的人士甚至认为吴承恩先生的《西游记》中二郎神的啸天神犬的原型就是一种细狗。千百年来，作为狩猎中重要角色的细狗，从皇家贵族的名犬到农家穷人的"看家狗"，经历了起起落落，一直延续至今，品种也在不断地改良。

　　据老人讲，从清末军阀混战到解放战争，土匪、军阀、国民党部队围村抢细狗、杀人抢细狗等事件不胜枚举。传说于右任老先生曾从三原老家带细狗至北京宠养。那时，细狗只能被贵族和社会势力阶层所宠养，一般平民百姓只能望狗兴叹。解放以后，细狗虽然没有阶层的区分，但却被社会舆论所谴责，说玩鸡弄狗属于"二流子"，不务正业。如1958年打狗运动，使细狗面临绝种的危险，以至于品种纯度受到了极大的影响。直至改革开放以后，随着人们生活水平的不断提高，思想不断解放，细狗撵兔活动如潮水般蓬勃兴起，其影响面之大，参加人数之众，史无前例，将细狗撵兔活动掀起了一个高潮。

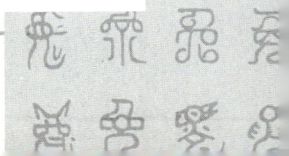

四、剪纸中的兔

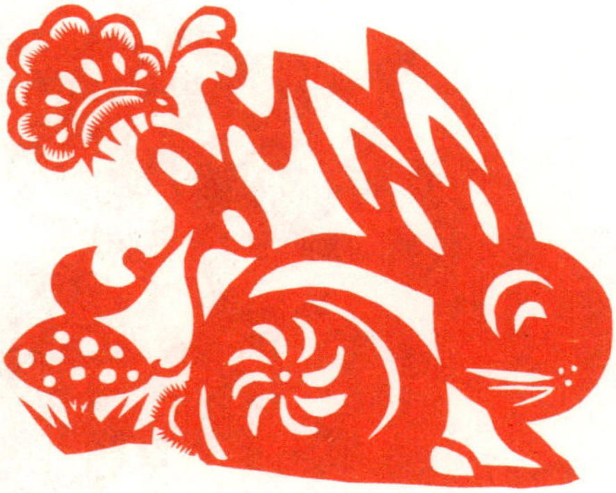

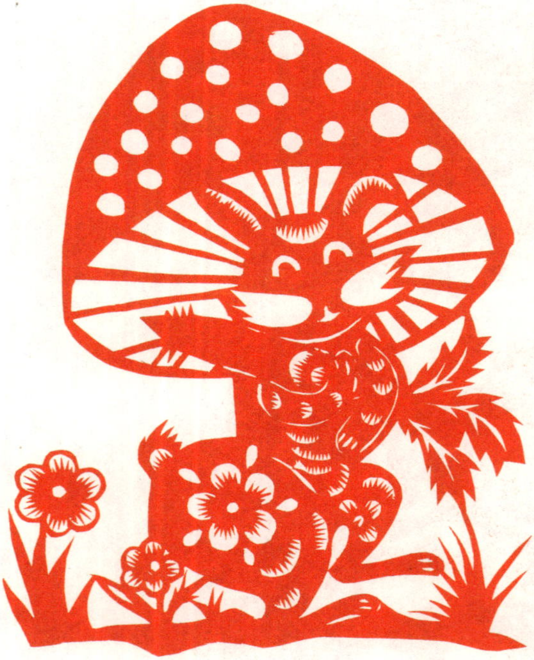

兔年赏兔

兔年賞兔

大地回春

一四八

兔年赏兔

兔年赏兔

玉 兔 福 迎春 财

兔年赏兔

兔
之
书

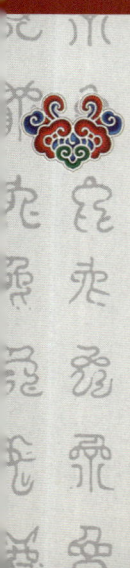

五、动漫中的兔

◎ 兔八哥

兔八哥（Bugs Bunny），又译"宾尼兔""兔巴哥""兔宝宝"，是在 Looney Tunes 动画系列里出现的一个虚构的卡通形象。1940 年，兔八哥在纽约的布鲁克林出生。同时美国华纳兄弟公司还发行了同名书籍，内容也是关于动画角色兔八哥的。

1942 年，《兔八哥》连环漫画开始在美国报刊连载，波基猪、佩图尼亚以及西塞罗一直在这个专辑中不断出现。

1936 年，在《波基猎兔》中出现了一只机智的兔子形象，这个形象大受欢迎。于是，导演本·哈戴维与卡尔·多尔顿以这个形象为主角又制作出动画片《兔子——嗯，受惊——嗯》《快变——噢!》。1939 年，在动画片《埃尔默的偷拍相机》与《一只野兔》中，这只兔子快速走红，成了电影明星。在《一只野兔》中，这只兔子的形象已与后来的兔八哥十分接近，并且第一次使用了它的著名口头禅："怎么样，伙计?"在为这只兔子起名字时，因为导演哈戴维的绰号叫"巴格斯"，于是在大家的提议下这只兔子就定名为"巴格斯"（通常译为"兔八哥"）。

傲慢的举止、离群的独步以及溢于言表的优越感是兔八哥鲜明的性格。特别是在反抗侵犯者时兔八哥表现得格外突出，人们喜爱兔八哥与邪恶的约塞米蒂·萨姆斗争，尤其是兔八哥与萨姆的船搁浅在凶残鲨鱼出没的荒岛边的那些情节，在每个紧要关头兔八哥都以机智战胜了对手。

银幕上的兔八哥妙语连珠、俏皮逗人，获得了巨大的成功。1958年，兔八哥终于获得奥斯卡奖，成为米老鼠和唐老鸭之后最为著名的动画形象。华纳兄弟公司发行（后来还负责制作）《兔八哥》动画片一直到1969年。

1941年连环漫画期刊《乐一通和欢乐小旋律》创刊后，兔八哥便一直出现在该刊的每一期中。在德尔出版公司彩色连环漫画期刊的前27期中兔八哥只是断断续续地出现，从1953年第28期起《兔八哥》便独立成为连环漫画期刊。兔巴哥还不断在《波基猪》和《约塞米特·萨姆》等连环漫画中充当配角。

1942年周日版《兔八哥》报刊连环漫画问世，每日版《兔巴哥》报刊连环漫画专辑则问世于1948年。

兔八哥的形象还被制成许许多多的玩具和商标，至今还大量出现在市场中。《兔八哥》（Looney Tunes）系列卡通形象由被誉为"好莱坞最伟大的动画大师"之一的查克·琼斯（Chuck Jones）创造，其创造的形象还有被人们广为流传的《猫和老鼠》《太菲鸭》等，其中Tom猫和Jerry鼠为他捧回了三座奥斯卡奖杯。

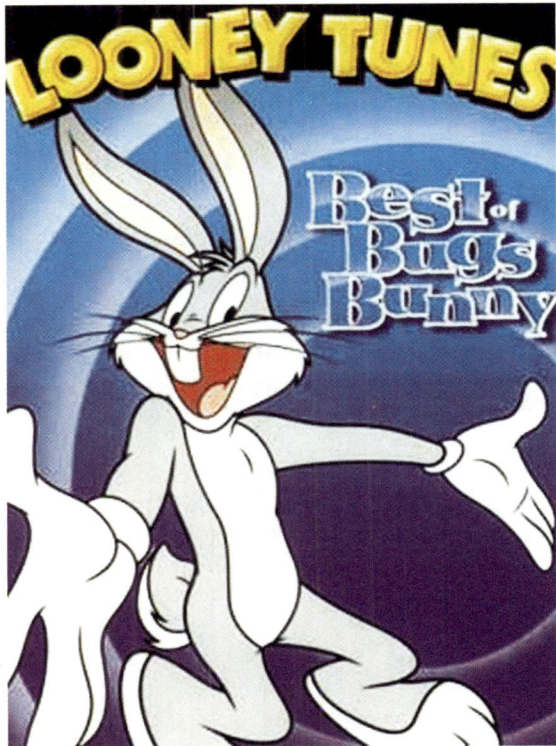

◎ 贱兔——流氓兔

　　贱兔（Mashi Maro）是韩国金在仁先生所创造的经典动漫形象。Mashi Maro 之名来自于 marshmallow（棉花糖），这是因为贱兔浑圆白胖的样子就像棉花糖一般可爱。Mashi Maro 在中国台湾地区以"贱兔"之名为大家所熟悉，而在中国大陆则被冠以"流氓兔"之称。

流氓兔档案

姓名：流氓兔

英文名：Mashi Maro

中译：贱兔、玛西玛露、霸王兔……

出生地：韩国

出生年：1999 年 5 月 8 日

性别：弟弟和妹妹

星座：金牛座

生肖：兔子

肤色：棉花白。白如初雪，纯净，无杂质。

肤质：毛绒

体态：如一团棉花糖，圆手圆脚，胖而可爱。

性格：无厘头，有点无赖，但不无耻。一意孤行、少言寡语、调皮戏谑，动手动脚、吃喝卡拿……

特技：能从背后拿出许

多道具，像马桶、马桶刷、酒瓶……

最喜欢吃的食物：萝卜

流氓兔小传

韩风阵阵，吹向电视剧、手机和玩偶。一只眯着眼的韩国兔子以不可思议的速度蹿红网络世界，很央又打入玩偶和礼品市场，成了一只超级红"兔"。

他是金牛座的，他的独特之处在于正面是兔子，反面是狗头。他一意孤行、少言寡语，喜欢动手动脚、吃喝卡拿，是个多重性格的家伙，有被害妄想症。

被封为"贱"字一族是因为流氓兔特别爱用自己的便便来使坏。譬如，当它的朋友小狗满心希望拿到一个桃子当圣诞礼物，打扮成圣诞兔的流氓兔却屁股扭扭，送给小狗一坨很像桃子的便便；跟熊家父子一起赏月时，原本花好月圆气氛浪漫，流氓兔看到月亮里的玉兔在捣药，便有样学样，在马桶里拉了便便，拿起通马桶的棍子就开始"捣"便便。

2001年韩国诞生了巧克力流氓兔，巧克力流氓兔很喜欢模仿流氓兔，但总是失败。巧克力流氓兔也叫做"巧克玛洛""仿冒霸王兔""仿冒流氓兔"。巧克力流氓兔的来源无人知晓，有人说他是流氓兔的弟弟。人们所知道只有他喜欢模仿流氓兔，但每次都没有好下场。

老是撅起圆屁股捣蛋的流氓兔，爱恶作剧却一脸"与我无关"的表情。它还会变身，一转身就变成一只狗，耍得猪警察团团转。除了猪警察，流氓兔在森林里的朋友还有狗狗、小羊、猴父子与熊父子，大伙儿团结合作，迅速掳获了青少年和年轻上班族的心。

网上曾有调查，在喜欢流氓兔的人中，以 17～25 岁的青年人为主，占到 60%，也有不少 30 岁以上的大朋友和不足 10 岁的小朋友对它青睐有加。看来流氓兔虽然很不讲卫生且生性顽劣，但却抓住了许多人的心。

◎月野兔

　　月野兔可变身成为水手月亮（即 Sailor Moon），是著名的日本动漫《美少女战士》中的主人公。她本来是一名普通初中生，不过成绩并不理想，而且经常迟到。有一天，她遇到一只叫做露娜的会说话的小猫，并获得了变身的能力，从此生活发生了很大的转变。后来，她得知自己其实是月亮王国的公主倩尼迪转生而来。她在成为美少女战士的主角后，和她的朋友们（也是美少女战士）一起与邪恶和黑暗力量斗争。

　　月野兔档案

　　姓名：月野兔（Tsukino Usagi）、水手月亮（Sailor moon）、倩尼迪公主（Princess Serenity），另外台湾版动画还给了她一个中文名字"林小兔"。

　　生日：6 月 30 日

　　年龄：16 岁

星座：巨蟹座

宝石：珍珠

血型：O 型

喜欢的颜色：白色

喜欢的食物：冰淇淋、蛋糕

喜欢的科目：家政

讨厌的食物：胡萝卜

害怕的科目：数学、英语

害怕的事物：牙医、幽灵

爱好：吃蛋糕

擅长：吃便当、睡觉、哭

梦想：成为小卫的新娘

朋友：小小兔、水野亚美、火野玲、木野真琴、爱野美奈子、天王遥、海王满、冥王刹、土萌萤、露娜、亚提米斯、星野光、夜天光、大气光、地场卫

亲人：育子（妈妈）、月野（爸爸）、月野进悟（弟弟）、小卫（未来的丈夫，国王）、小小兔（在未来和小卫的女儿，小公主）

个性：其实小兔的特点很多，但几乎都是不好的，胆小、爱哭、迷糊、成绩差。但是就是因为这样的性格，才显得真实，平易近人。应该说，她的性格也为她避免了许多灾难。

虽然说，小兔的性格大多是缺点，但是她最大的优点就是结交朋友的能力强，而且非常坚强、乐观、活泼。遇到问题，哭过之后，就比任何人都开心了。其实，在整个星球中，除了她之外的水手月亮，都是孤独的，从亚美到真琴，大多是这一类人。可是因为小兔的热情，大家都变了，变得开朗了，也有了共同的朋友，不再孤单了。有的人说小兔的运气好，的确，她有

爱她的王子，有保护她的水手战士，还有一个尊贵的身份。每次敌人攻击她时，她只需要完成最后的净化就可以了。可是，如果一个内心不善良，或者没有那个能力的人，能使用出那种魔法吗？那绝对是不可能的。使用这种招术的，必须是具备这些条件的。还有许多人说，她在作战时总是犹豫。其实，大家可以想想。如果小兔真的和别的战士一样，遇到敌人就强烈攻击，不给他们改过的机会，那还有什么意义呢？那不跟战斗一样？有战斗的世界，就不会有和平。所以只能用爱去包容他们，用心去感化他们，哪怕是牺牲自己的性命。

在小兔的心里，大家都很重要，她不愿失去任何一个人。因为，她当他们是朋友，不管之前有过什么纠结，有过什么打斗，只要她能改变他们，她都会去尽力。所以在最后的星光中，在希望之光消失的时候，她还能凭自己的星宿种子，救下所有的人。因为，战斗是永远都不可能改变什么的。只有改变自己，改变对方，才是最值得肯定的。

她喜欢的人：地场卫

喜欢她的人：星野光、地场卫、银河星十郎（岩）、迪曼多王子（狄文王子）、海野、天王遥

◎ 兔斯基

"兔斯基"是中国传媒大学动画系2004级学生王卯卯（MOMO）创作的一套动画表情。兔斯基，就是那只耳朵细细长长、脸长得死样怪气、转动着两根面条般的手臂做着搞笑动作的兔子。

兔斯基档案

姓名：兔斯基

英文名：Tuzki

性别：男

出生：失忆了，来历不明。

身高：1.2m

个性：有时乐观有时消沉、喜欢自娱自乐、有着丰富的想象力、热情、单纯、随和又随意。

情绪：肢体语言夸张、不开心又很快复原、爱将快乐传给人。

喜欢：牛奶、乳酪、果汁、咖啡、茶、面包、带皮的水果。

讨厌：萝卜（不是所有的兔子都喜欢萝卜的）、卷心菜、甜的食物（这些特点与作者相同）

害怕：酒（不要给我喝，我会发酒疯的）

长处：发明小东西

短处：发明小东西带来的麻烦，又管不了。

永不会做：不文明不雅观的动作、淫秽的成人动作。

宠物：萝卜耶夫。

特征：耳立、头圆、眯眼、嘴隐、鼻无、脖粗、臂软、尾短、腿直、身白。

朋友：R1

兔斯基的作者自称王卯卯，或者兔子

卯。一个不善言辞的小姑娘画出了自己，我们也能用这些画来表达自己，每个人都是一个兔斯基，想着扭动两根面条般的手臂，做各种可爱的动作。每天与我们相伴的 QQ、MSN 上，我们隔着网络相互做动作，比如擦汗、厥倒、泪奔……表达各种情绪。动画的肢体语言在这个时候起着意想不到的效果。兔斯基在网上传来传去，人人都用这只兔子来表达自己的夸张动作，这是王卯卯始料未及的。

兔斯基形象的传播和运作非常有轨迹，包括出现了设计公司的机制，网络还出现了兔斯基海报和明信片生意。除了好玩，兔斯基在互联网推动下的新动画热潮中，注入了更深层次的内涵，除了游戏心态和表面恶搞，增加了故事性，以及想要表达的深入思想。

在互联网上，消息获得太过容易，太过丰富，以至于每一件新诞生的作品（不管是文字、图画还是视频）都很难吸引读者的目光长久驻留。不能在第一时间打动人的作品，几乎就永远失去了被人了解甚至关注的机会。简单、跳跃但又有些个性的兔斯基，正是基于这样的环境下才被大家发现和认可的。我想我们还没有到达可以挑战某个成熟动画产业的高度。相比而言，兔斯基似乎在动漫产品与衍生品上也许更有机会，也许可以打破中国动漫业长久的低迷。

◎ 二兔

"我不是二百五，我只是有点二""吃、睡、二，一个都不能少"……带着这些鲜活经典的"二兔语录"，"二兔"来了。

"二兔"是一只有点"二"的兔子，体形有点像麻袋，屁股圆圆的，长着两条橡皮糖似的长耳朵。这个诞生不久的动漫形象，借助手机、互联网等渠道爆红。2010年元旦期间，更是有数以万计的手机用户转发"二兔"动漫彩信，为朋友送上新年祝福。

"二兔"是"麦草动漫"的作品，两个洛阳女孩参与了从形象设计到动

做人就要做一个徘徊在牛A和牛C之间的人，
当兔就要当一只碾转在一兔和三兔之间的兔儿。

画创意、制作的全部过程。2010 年元旦前几天，为了让朋友感受到自己的动漫创意，她们特意做了一些"二兔"的手机彩信，没想到，借助这些手机彩信，"二兔"一夜出名，被张多人誉为"中国第一个借助手机渠道走红的手机动漫明星"。

六、邮票中的兔

　　1963 年 12 月 10 日,中华人民共和国邮电部发行《民间玩具》邮票一套 9 枚,邮票图案选自李寸松、张仃收藏的一些民间玩具,其中第五枚是由白兔、棒棒人和公鸡 3 件民间玩具组成。这套邮票选取的民间玩具多以泥土、布头为材料,以动物和人物为对象,运用丰富的想象,适当的夸张变形,细腻的手法和创造力,从儿童的心理特征出发,邮票图案设计得生动活泼,深受群众喜爱。这也是新中国第一套玩具邮票。

　　1980年6月1日，为庆祝"六一"国际儿童节，中华人民共和国邮电部发行T.51《童话——"咕咚"》一套4枚(图1)及小本票(图2、3)一本。邮票采用4枚图案加1枚副票连印的特殊形式，依次用不同的画面把一则民间传说描绘得有声有色，并用附票上的文字与装饰补充介绍每枚邮票图案的内容。童话故事通过胆小的兔子、聪明的狮子等形象，告诉小朋友们，遇事要冷静，多开动脑筋思考，不要盲目行事。《童话——"咕咚"》小本也是新中国发行的第一个小本票。

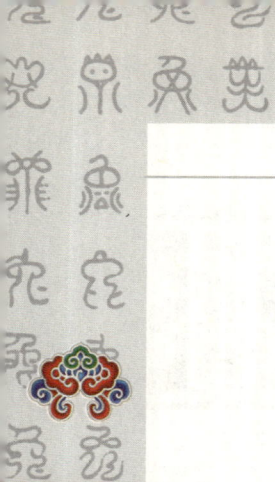

1987 年 1 月 5 日,中华人民共和国邮电部发行 T.112《丁卯年》邮票 1 枚及小本票一本。这是新中国发行的第一轮生肖邮票中的第 8 枚。该套邮票由中央工艺美术学院李芳芳设计,我国著名雕刻师孙鸿年雕刻,图案为民间剪纸表现手法装饰的小白兔。邮票图案保持了剪纸的线条感和凹凸感,只通过简朴的轮廓勾勒、描绘出洁白温良的白兔形象。

1999 年 1 月 5 日,中国邮政发行 1999-1《己卯年》邮票一套 2 枚。这是我国发行的第二轮生肖邮票中的第 8 枚。第一枚"玉兔为月"由王虎鸣设计,主图是根据"泥人张"第四代传人、中央工艺美术学院装饰艺术系主任张锠先生捏制的泥兔改造的;第二枚"吉祥如意"由呼振源、杨文清设计。我国第二轮生肖邮票整体创作的主导思想为"两年平面,两年立体,篆隶草行,三年一换,一明一暗"。1999 年的兔票第一图应为白底色,为了有明显的反差,张锠先生捏制的泥兔是一只匍匐在地、双耳向后拢去的黑色彩兔。然而在人们的印象中,兔子多为白色,设计家在尽可能保持原泥塑的造型和纹饰的情况下,对黑兔进行了"植皮手术",由黑花兔至灰花兔再至白花兔,几经改动,终于得到了现在我们看到的这只白兔。

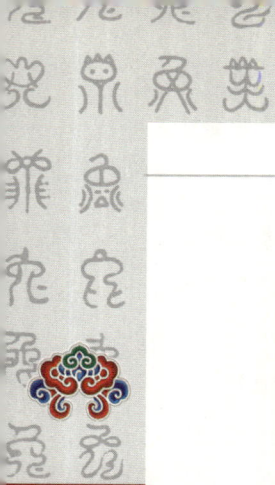

　　2007年3月22日，香港邮政发行《儿童邮票——兔宝宝考考你》一套6枚（P171，图1）、小全张1枚（P171，图2）及邮票小册子1册（图3-6）。其中邮票小册子内含3枚小型张。6枚邮票色调清新，把邮票幻化成互动游戏媒介，以不同造型的卡通兔子为主角，将"找出不同之处"及"迷宫"等多项小朋友喜爱的游戏融入邮票设计之中。在欣赏邮票时，家长既可以与孩子一同玩乐，促进亲子关系，更可鼓励小朋友体验有益身心的集邮活动。起初就觉得这是一个将益智游戏与邮票相结合的新颖想法。

SENG YU-PROVÉRBIOS
SENG YU-IDIOMS

BLK 001 - S014 (4/2)

　　2001 年 2 月 1 日,澳门邮政发行《成语故事》邮票一套 4 枚、邮票小册子 1 本等。其中第二枚邮票为"守株待兔"。该套邮票由澳门著名邮票设计师廖文昌设计,以装饰性卡通手法绘制,使成语故事中的人物、动物栩栩如生。其刻画的有关邮票主题的篆章,也成为澳门邮票设计的一大特色。邮票中的小白兔并没有直接出现,而是通过猎人的想法侧面体现出来,这种形式也符合青少年的审美情趣。

　　2011 年 1 月 5 日,中国邮政发行《辛卯年》邮票 1 枚。邮票中的生肖兔线条挺拔流畅,色彩鲜艳明快,既含传统寓意,又闪耀着现代风采,独具艺术魅力。其造型稚拙可爱、扑腾欲走,周身布满花卉,具有典型的民间剪纸特征。背景中融入蓝色月亮的造型,隐含了我国古代月宫玉兔的美丽传说。

兔
之
书

1987年1月21日，香港地区发行《岁次丁卯》邮票一套4枚及小全张1枚。这是香港发行的第二组兔年邮票。4只形态、颜色不一的生肖兔，表现出兔子欲动欲静、活泼可爱的形象。

1999年1月31日，香港邮政发行《贺年邮票》一套4枚。邮票采用中国民间绘画的笔法，以传统的农历新年贺词庆祝新岁。这是香港首套可刮擦邮票。刮去票面上的金色油墨，便可看到"恭喜发财""身体健康""大吉大利""心想事成"等新春贺词，给人带来意想不到的惊喜。

TWELVE ANIMALS OF THE LUNAR NEW YEAR CYCLE

新堺強設計 Designed by Kan Tai-keung

　　1999 年 2 月 21 日,香港邮政发行《十二生肖邮票小版张》1 枚。小版张由全套十二生肖邮票组合而成,按照香港第二轮农历新年十二生肖特别邮票复制。香港第二轮生肖邮票始于 1987 年的兔票,止于 1998 年的虎票,每套邮票有 4 枚,共 12 套。此次将这 12 套生肖邮票中的第一枚低面值票集中印成小版张,每枚邮票(虎票除外)原有的皇冠标志被删除,面值也全部统一为 1.3 元,总面值为 15.6 元。小版张内十二款生肖图为刺绣图样。刺绣除了是一种工艺外,也是自古以来中国民间盛行的一种消闲活动。针引彩线,衣饰、寝具、家具益增华美,绚丽之中更添喜气,故绣品往往是为节日和礼俗而作,尤其以庆祝新年为主。

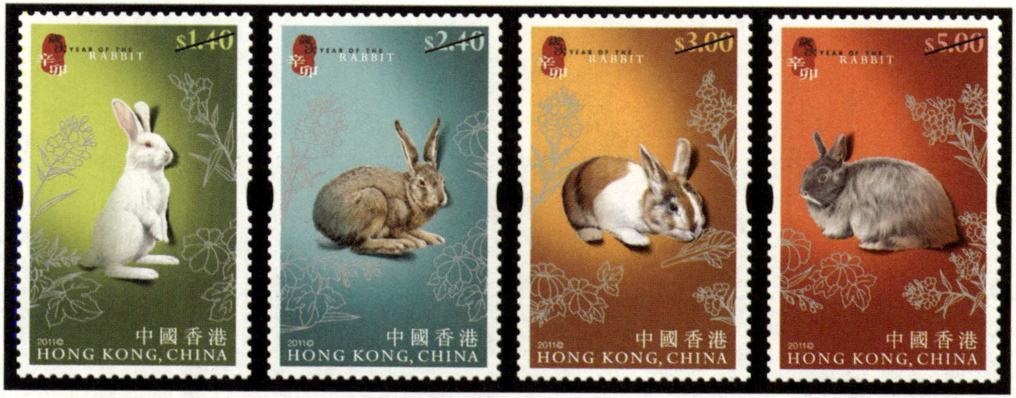

YEAR OF THE RABBIT
$1.40
$2.40
$3.00
$5.00
中國香港
HONG KONG, CHINA
2011©

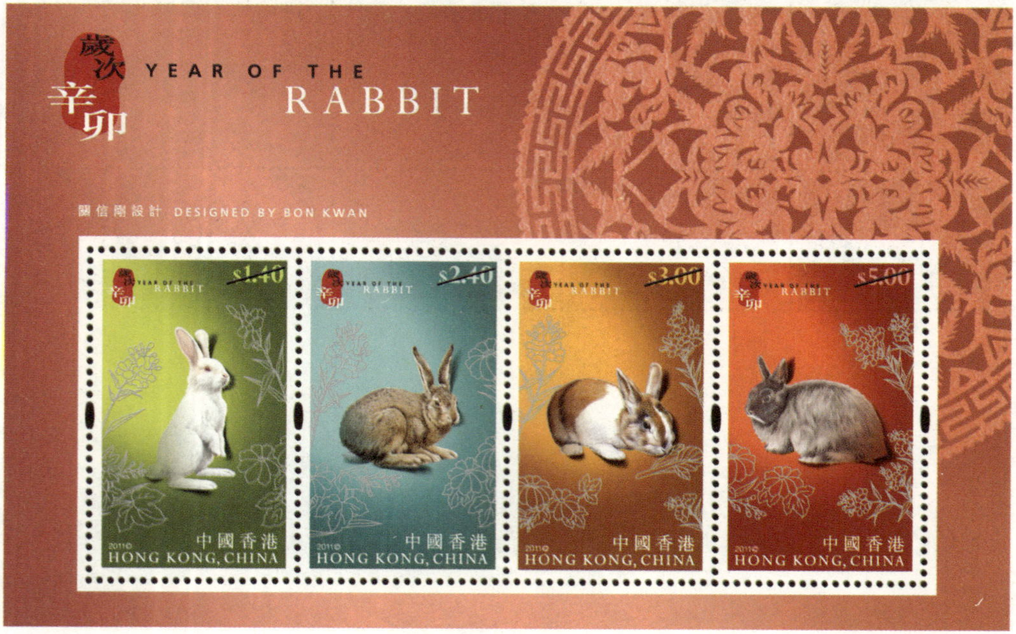

歲次
辛卯
YEAR OF THE
RABBIT
關信剛設計 DESIGNED BY BON KWAN
$1.40
$2.40
$3.00
$5.00
中國香港
HONG KONG, CHINA
2011©

YEAR OF THE
RABBIT

歲次
辛卯

DESIGNED BY BON KWAN

2011 年 1 月 22 日，香港邮政发行《岁次辛卯（兔年）》邮票一套 4 枚（图 1），同时将推出小全张（图 2）、无齿邮票小型张（图 3）、版票等多种形式的邮品。这是香港邮政发行的第三辑贺岁邮票的最后一套。邮票设计融合了中国传统剪纸艺术，描绘 4 个不同品种的兔子，可爱逗趣，讨人喜欢。

| 1 | 3 |
| 2 | 4 |

十二生肖金银邮票小型张－傲虎巧兔
GOLD AND SILVER STAMP SHEETEET ON LUNAR NEW YEAR ANIMALS
TIGER
RABBIT

$50 $50

中國香港 中國香港
HONG KONG, CHINA HONG KONG, CHINA

2011 年 1 月 22 日，香港邮政还发行了《十二生肖金银邮票小型张——傲虎巧兔》1 枚（图 4）。该枚小型张嵌有"傲虎""巧兔"两枚邮票，分别以 22K 和 24K 金箔加 99.9% 纯银箔烫印，面值均为 50 元，以表现辞旧迎新的意蕴。

兔年赏兔

FLOCK STAMPS ON THE
LUNAR NEW YEAR ANIMALS —
Rat • Ox • Tiger • Rabbit

绒面
生肖
郵票
鼠 • 牛 • 虎 • 兔

香港邮政于 2011 年 1 月 22 日发行《绒面生肖邮票——鼠、牛、虎、兔》邮票一套 4 枚及小版张 1 枚。邮票面值均为 10 元。该套邮票以第三辑贺年邮票的最后 4 个生肖动物为题，以绒面纸印制，为新春增添喜气。

　　2011 年 1 月 22 日,香港邮政发行《十二生肖邮票小全张》1 张,所含邮票的面值均为 1.40 元。小全张把香港邮政第三辑 12 种生肖邮票呈献其中,以传统剪纸艺术的形式加以表现,金、红两色寓意团圆、美满。

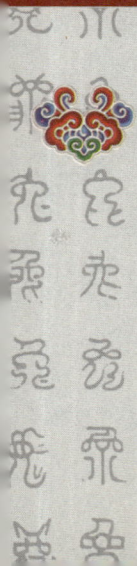

1999 年澳大利亚为圣诞岛发行、全国通用的兔年生肖邮票有 2 种图案，一种图案是玉兔在祥云中飞翔，另一种图案是玉兔正在捣药。边纸图案左上部为一轮明月，内有一座月宫，门上有"月宫"两字，桂花树下玉兔正在捣药；右上部两位仙女舒袖起舞，左下部和右下部分别是四位华人姑娘翩翩欢舞。

兔子种类很多，形态各异。有些兔子终生在地面生活，这类兔子异常机警，善于奔跑跳跃，特别是羚羊兔，它四肢细长，强健有力，跑跳能力极为出色。

1999 年蒙古发行兔年生肖邮票一套 2 枚，图案是天空飞兔，周围有祥云绕身。这两枚邮票竖着看和横着看都可以，分别表现了飞兔不同的姿态。

雪兔生活在高纬度地区,为了躲避敌害和抵御恶劣的环境,会根据季节变换毛色:夏季时体毛为淡栗褐色并杂有黑色尖毛,头顶及耳背部杂有大量的黑褐色短毛;到了冬季,雪兔全身银白,仅有耳尖和眼圈为黑褐色。

1999年2月16日,大洋洲的图瓦鲁发行兔年生肖邮票小型张1枚。描绘了夜晚的海边,一群由兔子组成的乐队正在演奏、庆祝兔年到来的热闹情景。

1999年,英属泽西岛发行兔年生肖邮票小型张1枚,图案是一只戴着鲜艳围巾的灰兔。灰兔口含鲜花,正回头与老鼠亲切交谈,妙趣横生。

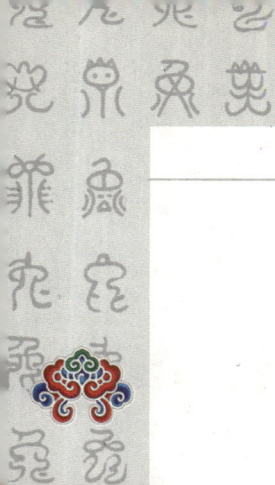

兔子与人类文化有着密切的关系。在我国有许多与兔子相关的成语，其中最为人所知的是"守株待兔"。在文学作品中，兔子更是一位"常客"。龟兔赛跑是《伊索寓言》中的经典故事，讲述骄傲自满的兔子最终输给了虽然行动缓慢但锲而不舍的乌龟，具有深刻的寓意。

兔子还能提供优质的毛皮。力克斯兔是一种典型的皮用兔，其绒毛具有绢丝光泽，手感柔软，可与水獭皮相媲美，我国通常称它为"獭兔"。

兔子还是医学和其他学科的实验动物，为人类文明的发展作出了巨大贡献。1959年，一只名叫马尔弗沙的实验兔就先于人类进入太空，为人类进军宇宙探索道路。

日本于 2010 年 11 月 10 日发行 4 枚 "贺年" 邮票，其中 2 枚为有奖附捐邮票。邮票主图分别选用了福岛县耶麻郡和兵库县丹波市的乡土玩具。

1999 年不丹王国发行兔年生肖邮票一套 2 枚及小型张 1 枚，表现了兔子拜月的传说。小型张图案以兔子为主，分别描绘了中国传统的 12 生肖形象。

2000 年日本发行的"集邮周"邮票，采用了该国著名画家堂本印象描绘兔子的画作。

还有一些家兔被当做宠物，例如荷兰兔。

兔子也是造型艺术中的常见素材。巴勒斯坦发行的一枚邮票，图案为描绘兔子与枣椰树的马赛克地板画，该地板画出自拜占庭时期的一座教堂。

复活节是西方的一个重要节日，它是为庆祝耶稣基督的复活而设，也象征着重生与希望。复活节的象征物是鸡蛋和繁殖力强的野兔，因此各国发行的复活节邮票多以彩蛋和兔子为主图。

2010 年，澳门为上海世博会发行 2 枚纪念邮票，其中一枚的图案为兔子的全家福。

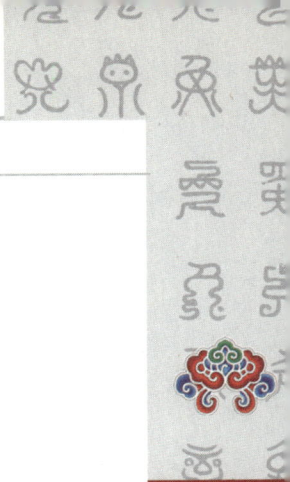

在圣马
力诺发行的
"2000 年悉
尼奥运会"邮
票上,兔子和
其他动物一
起传递火炬,
诠释着奥运
会"更高、更
快、更强"的
理念。

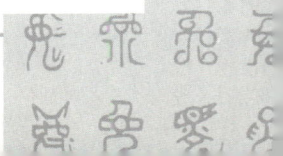

2010 年 11 月 22 日,日本又发行了"干支文字邮票"小版张。小版张共含 10 枚邮票,分别为关正人书写的金文"卯"字,关口春芳书写的甲骨文"辛卯",稻村云洞书写的六朝楷书"卯"字,中川佑圣书写的隶书"兔"字,寺井补堂书写的篆书"卯"字,片冈重和书写的甲骨文"兔"字,百濑大芜书写的小篆"兔"字,中野北溟书写的平假名"兔"字,小山恭子书写的行书"辛卯",恩地春洋书写的楷书"卯"字。小版张边纸图案选用了日本江户时期著名画家圆山应举的作品《木贼兔图》(木贼是一种蕨类植物)。

加拿大 1999 年发行了兔年生肖邮票和小型张各一枚,小型张为圆形,象征月亮,中间那枚邮票图案是一只黑色勾勒的兔,边纸为蓝色,表示玉兔在月宫之中。

跋

　　虎啸歌盛世，卯兔耀中华。继《牛之书》《虎之书》之后，我们又编辑出版了这本《兔之书》，意在将兔子这一可爱狡黠、温文尔雅的动物与中国人的传统文化、民族传承联系起来，和当下有关兔的时髦文化一起收集在一册书中，供人们尤其是年轻人体味。我们在编辑此书过程中试图走出传统生肖文化固有的框架，以赢得更多时尚年轻人士回归传统，继而加入弘扬传统文化的队伍中。

　　本书由宁夏回族自治区党委常委、宣传部部长杨春光同志创意、策划、主编，并为之作序。宁夏新闻出版局局长朱昌平、黄河出版传媒集团总经理杨宏峰、宁夏回族自治区党委宣传部副部长尤艳茹负责编写的组织指导工作。宁夏新闻出版局朱世忠、胡荣强、何英隽、张雪晴、闫生裕、惠冰及何一枝同志负责资料的收集、分类整理与编写工作。

　　本书编写中我们参考、借鉴了一些文字、图片资料，由于我们无法与个别作者取得联系，烦请作者与我们联系，我们在此表示真诚的感谢。

　　《兔之书》的编写过程原本要比《牛之书》《虎之书》轻松惬意，因为兔文化在口国一直是与美好、可爱、纯洁、幽默等联系在一起的。唯一让编者难以接受的是，原本负责编写、编辑协调工作的朱世忠同志未及该书出版，因心脏病突发倒在了他热爱的新闻出版工作岗位上，令人痛惜不已。在该书的出版过程中，我们始终按照朱世忠同志编排的体例编写，从大量的资料中删繁就简，选择生肖、姓氏、文字、绘画等作为切入点，重点展示兔文化对中国传统民族文化的影响，粗疏之处在所难免，敬请读者批评指正。

编　者

2010 年 12 月

图书在版编目（CIP）数据

兔之书/杨春光主编. —银川：宁夏人民出版社，
2011.1
ISBN 978-7-227-04696-7

Ⅰ.①兔… Ⅱ.①杨… Ⅲ.①十二生肖—通俗读物
Ⅳ.①K892.21-49

中国版本图书馆CIP数据核字（2011）第011045号

兔之书

杨春光 主编

责任编辑　惠　冰
装帧设计　赫　欢　狄多强
责任印制　李宗妮

黄河出版传媒集团
宁夏人民出版社 出版发行

地　　址　银川市北京东路139号出版大厦（750001）
网　　址　www.nxcbn.com
网上书店　www.hh-book.com
电子信箱　nxhhsz@yahoo.cn
邮购电话　0951-5044614
经　　销　全国新华书店
印刷装订　宁夏精捷彩色印务有限公司

开本　880mm×1230mm 1/24　印张　8　字数　100千
印刷委托书号（宁）0005644　印数　5000册
版次　2011年2月第1版　印次　2011年2月第1次印刷
书号　ISBN 978-7-227-04696-7/k·595
定价　30.00元